Le Routard

SACRÉ

• LES 100 PLUS BEAUX SITES DE LA PLANÈTE •

hachette

Le Routard

SACRÉ

• LES 100 PLUS BEAUX SITES DE LA PLANÈTE •

hachette

SOMMAIRE

EUROPE

ASIE

EUROPE

Angleterre

Canterbury

Le joyau du Kent

Type
Cathédrale

Situation
Kent (sud-est de Londres)

Religion, civilisation
Catholicisme puis anglicanisme

Quelques chiffres
Longueur totale de 179,83 m, avec une nef de 56,39 m de long par 21,64 m de large, pour 24,38 m de hauteur. Quant à la tour centrale, elle culmine à 71,63 m (contre 39,62 m pour les tours ouest).

Âge d'or
Du XIIe au XVe siècle, avec un pèlerinage à Saint Thomas Becket fréquenté par tout le gotha européen.

Comment y aller
En train, à 30 mn de Douvres et 1h de Londres ; le double en bus.

Siège de l'église anglicane, Canterbury et sa cathédrale épousent au plus près l'histoire de la chrétienté en terres britanniques.

Dans son enceinte médiévale si cosy, premier évêché des terres anglo-normandes fondé par le moine bénédictin Augustin au VIe siècle, Canterbury reste 1000 ans durant le siège de l'église catholique d'Angleterre. Non sans drame : en 1170 l'archevêque et primat Thomas Becket, en conflit avec Henri II, est assassiné dans la cathédrale même. Canonisé dès 1173, sa tombe transforme la cathédrale (et la ville) en un pèlerinage très couru.

En 1534 sonne le glas : Henri VIII rompt avec Rome et l'autorité du pape, bien décidé qu'il est à rester primat de l'Église d'Angleterre. L'Église anglicane ainsi fondée conserve son siège à Canterbury, éternelle petite Rome de l'Angleterre où la dévotion traverse les âges.

L'ÂGE DES PIERRES

L'histoire de la cathédrale se lit entre ses pierres : la première église, détruite par les Vikings, fut reconstruite en style roman à partir de 1070 et terminée 5 siècles plus tard. Si bien que tous les styles y fusionnent étrangement, sur plusieurs niveaux. C'est le premier exemple de gothique en Angleterre et il s'en dégage une impression de grandiose et gracieuse harmonie, rehaussée par les superbes vitraux. Mais deux vestiges des chrétiens du VIe siècle subsistent à Canterbury : Saint Augustine's Abbey et Saint Martin's Church.

Londres (Angleterre)

Abbaye de Westminster

Un panthéon royal

Type
Cathédrale et abbaye

Religion, civilisation
Anglicanisme

Quelques chiffres
Église originelle fondée au XIe siècle, rebâtie au XIIIe siècle par Henri III. Plus de 3500 sépultures. Théâtre de 38 couronnements (quand même !) et de 18 mariages royaux. Classée par l'Unesco en 1987.

Âge d'or
En activité depuis près de 1000 ans.

Comment y aller
En plein centre de Londres, descendre à la station de métro… Westminster !

À l'abbaye de Westminster, haut lieu religieux, les monarques reposent et se passent de tête en tête la couronne royale.

Dans cette magnifique abbaye emblématique du style gothique anglais sont enterrés plus de 3500 des plus illustres personnages d'Angleterre. Et, depuis Guillaume le Conquérant en 1066, tous les souverains s'y font couronner et beaucoup y célèbrent leur mariage.

Au-delà du chœur *(quire)*, entre les transepts, s'ouvre le sanctuaire, lieu des couronnements et funérailles royales, orné de stalles en bois, d'un dallage du XIIIe siècle dit de Cosmati et d'un superbe maître-autel doré du XIXe siècle. En faisant le tour des chapelles, sublimes pour certaines, cette profusion de gisants – certains dans leurs couleurs d'origine –, de sculptures, de plaques commémoratives et de sépultures royales est telle qu'il est impossible de ne pas fouler du pied ces pierres tombales qui content l'histoire du pays. Un mausolée riche en symboles.

Continuez la visite par la chapelle Henri-VIII. Une véritable église dans l'église. Sous un seul gisant, les demi-sœurs ennemies Elizabeth Ire et Marie Tudor (Mary Ire) reposent pour l'éternité. Au fond, dans le « coin des Innocents », tombeaux disposés à l'envers des deux enfants d'Édouard IV, assassinés par leur oncle Richard III dans la Tour de Londres. Par un jeu de miroirs, on aperçoit le visage sépulcral de l'un des enfants. Brrr…

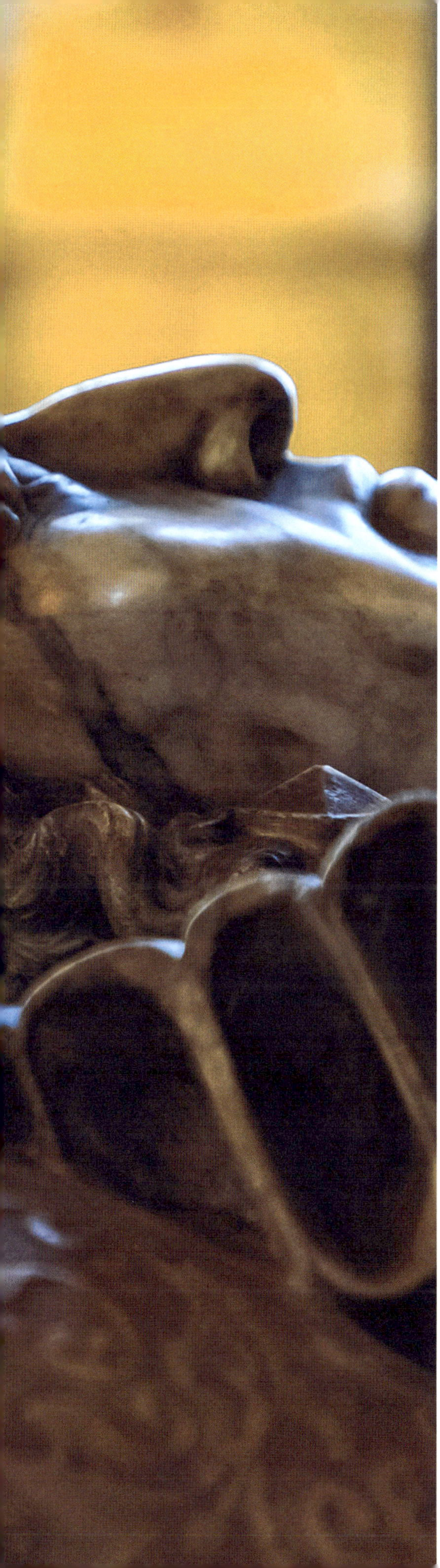

PIERRE D'ACHOPPEMENT

Sous le trône du couronnement (*Coronation Chair*), on remarque l'emplacement – vide – de la pierre de Scone… Utilisée depuis le IXe siècle lors du sacre des rois d'Écosse, Édouard Ier la rapporta à Westminster en 1296 pour marquer la domination anglaise sur cette partie du royaume. Volée par quatre étudiants écossais par patriotisme en 1950 puis rapatriée à Londres un an plus tard, elle fut finalement officiellement restituée à l'Écosse en 1996, à la condition qu'elle soit renvoyée symboliquement à Londres pour chaque couronnement !

On revient sur ses pas et on pénètre ensuite dans la nef de la chapelle (le clou de la visite !) par des portes en bronze. Voûtes dignes d'une chapelle royale. Elles semblent dessinées dans du tissu et sont le plus bel exemple du style gothique perpendiculaire, qui s'est développé au cours du XVe siècle à partir du gothique flamboyant, uniquement en Angleterre. Les lignes verticales et horizontales sont mises en relief : les nervures des hauts piliers éclatent en éventail au niveau des voûtes et se ramifient pour se rejoindre en de lourdes clés pendantes. Les étendards et les casques finissent de nous éblouir. Heureusement, des miroirs permettent d'admirer tout cela sans tomber à la renverse !

• EXPÉRIENCE ROUTARD •

En sortant de l'abbaye, traverser Lambeth Bridge. En face, les deux tours crénelées en brique rouge marquent l'entrée de Lambeth Palace, résidence des archevêques de Canterbury depuis le XIIIe siècle, construit en face du palais de Westminster. Il a gardé de l'époque son aspect Tudor médiéval. Il ne se visite pas, mais on peut le contourner et flâner dans les superbes jardins archiépiscopaux. Ou alors, suivre les berges de la Tamise.

Angleterre

Stonehenge

Les mégalithes suspendus

Type
Site archéologique

Situation
Wiltshire (sud de l'Angleterre)

Religion, civilisation
Néolithique et âge de bronze

Quelques chiffres
Un cercle de 90 m de diamètre, des monolithes de 4 à 45 t.

Âge d'or
Du IIIe au Ier millénaire av. J.-C.

À ne pas manquer
Le solstice d'été, le 21 juin (mais l'affluence rend le lieu inaccessible).

Comment y aller
À 2 miles d'Amesbury et 9 miles de Salisbury ; 2 km à pied (ou en navette) entre l'entrée du site et Stonehenge.

Ce mystérieux cercle de pierres bleues et de trilithes, plus vaste structure préhistorique d'Europe, reste une fascinante énigme archéologique.

Les impressionnants portiques de pierre semblent dressés au milieu de nulle part… Les plus colossales de ces « pierres suspendues » *(stone henge)*, cinq trilithons de 45 t chacun disposés en fer à cheval, coiffés de massifs monolithiques, sont encerclés par des trilithons de grès (de 25 t tout de même), impeccablement taillés…

Au matin du solstice d'été, la *Heel Stone*, au nord-est de l'enceinte, projette son ombre au centre de l'anneau, et l'illumine d'un sens cosmique. Nos ancêtres du Néolithique et de l'âge de bronze déployèrent une imagination dantesque sur ce lieu de culte et d'inhumation réagencé à maintes reprises, creusant des fosses, dressant puis déplaçant des pierres bleues de 4 t… Et si le sens en reste mystérieux, le grandiose du site perdure, fascinant comme au premier jour.

DES PIERRES DE POIDS

Autre énigme à résoudre par les archéologues : comment diable ces pierres ont-elles été déplacées jusqu'ici ? Les pierres bleues de 4 t chacune viendraient du Pays de Galles, à 250 km du site, et furent probablement acheminées par bateau sur l'Avon (qui n'est qu'à 3 km). Mais pour les trilithons de grès de 45 t, venu de Westwood, à environ 25 km ? Les experts penchent pour un transport terrestre à grand renfort de cordes, de rondins et de sueur… Une entreprise considérable ! Ils avaient peut-être des dinosaures en guise d'attelage.

Angleterre

Cathédrale de Salisbury

La perle gothique

Type
Cathédrale

Situation
Wiltshire (sud de l'Angleterre)

Religion, civilisation
Anglicanisme

Quelques chiffres
Construite entre 1220 et 1258. La flèche de 123 m, ajoutée en 1320, est la plus haute du pays. On y découvre aussi la plus ancienne horloge du monde en état de marche (1386).

Âge d'or
À partir de 1220, lors du transfert de l'archevêché d'*Old Sarum*, cité héritée des Romains.

Comment y aller
En train, à 1h30 de Londres.

Un véritable bijou d'architecture gothique, qui doit son exceptionnelle unité de style à sa construction fort rapide (en 38 ans !).

Sa flèche de pierre pointe haut vers le ciel, fier repère dans la campagne anglaise baignée par l'Avon. En la suivant, puis en passant les maisons à colombages de la cité médiévale et St Ann's Gate, surgit bientôt la cathédrale de Salisbury.

À la nef d'une élégance austère répondent les galeries du magnifique cloître, le plus vaste d'Angleterre dont les voûtes d'ogives figurent sirènes et dragons, et une salle capitulaire octogonale tapissée de vitraux, une véritable splendeur à la voûte en ombrelle. Entre ses fines colonnades de marbre est conservé l'un des quatre exemplaires connus de la *Magna Carta*, la Grande Charte, base du droit anglais. Et dans le recueillement, entre les stalles du chœur et les transepts, reposent des gisants enfin en paix dans les teintes ocre du soir.

DE PIERRE ET D'EAU

La colline d'*Old Sarum* était aride, le site choisi pour Salisbury, irrigué par l'Avon, était, lui, marécageux. Ce qui obligea à limiter à 1,2 m (4 pieds) la profondeur des fondations. Les 100 000 t de la cathédrale reposent donc sur des graviers humides ! Autre problème de poids, l'ajout des 6 500 t de la flèche, au XIVe siècle, fit fléchir les colonnes de la croisée du transept : il fallut consolider en construisant des arcs-boutants dans les galeries supérieures et des arches croisées de soutien dans le transept.

42° 08' 00'' N, 23° 20' 25'' E

Bulgarie

Monastère de Rila

Un foyer d'influence orthodoxe

Type
Monastère

Situation
Parc national de Rila, dans le sud-ouest de la Bulgarie

Religion, civilisation
Église orthodoxe de Bulgarie

Quelques chiffres
Fondée au Xe siècle avec la tour Hrélio datant de 1335, cette enceinte pentagonale de 24 m de haut est située à 1150 m d'altitude.

Âge d'or
Période médiévale.

Comment y aller
En bus, possibilité de faire l'aller-retour dans la journée depuis la capitale Sofia (gare Ovtcha Koupel) ou depuis le village le plus proche (Rila). Sinon, se tourner vers des excursions.

Au cœur du massif du Rila, la vaste forêt environnante cache une perle de la Renaissance bulgare : le plus connu des monastères bulgares où les chants orthodoxes s'entremêlent avec ceux des oiseaux.

À seulement 3 h de Sofia s'érige le plus imposant des monastères bulgares, géré par une douzaine de moines (au lieu des 300 que comptait la communauté à l'époque) et où il est encore possible de réserver une nuit sur place pour s'imprégner de ce haut lieu spirituel. C'est lors de la période médiévale que l'ensemble monastique fut un lieu d'influence sociale, spirituelle et artistique durant laquelle les arts des nations chrétiennes se sont développés sous l'Empire ottoman. La tour Hrélio, où les moines se réfugiaient en cas d'attaque, témoigne du caractère fortifié du monastère contre les pillages et incendies qu'il connut au XVe siècle.

Après des siècles d'occupation ottomane, le monastère symbolise la prise de conscience d'une identité culturelle slave forte, en commençant par l'architecture, qui est un des exemples les plus révélateurs de la construction des peuples balkaniques, puis avec les fresques murales de l'église de l'Assomption, réalisées par les plus éminents artistes du XIXe siècle, et enfin avec la plus belle iconostase de Bulgarie en bois doré. Cette dernière regroupe des icônes vieilles de plus de 1 000 ans.

TRAVAIL DE FOURMI

L'art n'est pas une pratique sans danger, en témoigne la Croix-Rila (ou de Raphaël) pour laquelle le moine sculpteur du même nom grava patiemment à l'aiguille les 600 figures humaines et scènes bibliques de la taille d'un grain de riz pendant… 12 ans (de 1790 à 1802). Un travail titanesque qui lui coûta la vue. L'œuvre mérite donc d'être scrutée avec attention ! Ouvrez l'œil.

Croatie

Basilique byzantine de Poreč

La perle byzantine

Type
Basilique

Situation
Au bord de la mer Adriatique, au nord-ouest de la Croatie, dans la région d'Istrie

Religion, civilisation
Catholicisme

Quelques chiffres
Construite au VIᵉ siècle. Inscrite au Patrimoine mondial de l'Unesco en 1997.

Âge d'or
Époque médiévale.

Comment y aller
Accessible depuis l'Italie (Trieste en bus et Venise en bateau). Sinon, possibilité de prendre le bus pour plusieurs grandes villes croates comme Zagreb, Rijeka et Vrsar.

Un bijou de mosaïques byzantines étincelantes et d'une richesse remarquable se niche dans le centre historique de la charmante Poreč.

Quel choc en entrant dans l'édifice ! C'est... Byzance ! Cette basilique est aussi appelée « basilique Euphrasienne », en référence à celui qui la fit construire entre 543 et 554, l'évêque Euphrasius, bien visible, sous la voûte, en train de porter sa création aux côtés de saint Maure de Parentium, le premier évêque de Poreč mort en martyr. Quelques vestiges des mosaïques de l'oratoire d'origine restent bien visibles sous le sol actuel. Cette basilique est aussi dédiée au culte de la Vierge Marie, magnifiquement présente sous la voûte, le Christ sur les genoux.

Comme le veulent les règles de l'art byzantin, les mosaïques aux couleurs chatoyantes de bleu et vert sont sur fond d'or, illuminant l'édifice. Un peu comme si la lumière divine avait béni les lieux de sa présence. On raconte même que les artistes retenus seraient les mêmes qu'à Ravenne !

L'édifice est accompagné d'un ensemble épiscopal qui atteste d'un équilibre entre éléments classiques et byzantins maîtrisé.

Clou de la visite, dans l'ancien palais épiscopal où se trouve le musée de la basilique. Là, un escalier en bois mène au campanile d'où la mer turquoise, les toits orangés et la vue sur la ville suffiront à subjuguer les mirettes.

RIEN NE SE PERD

Euphrasius décida de réunir sur le même axe le baptistère, la basilique et l'atrium, c'est ainsi que fut montée la basilique, comme un millefeuille, sur des lieux déjà existants. L'on observe alors des vestiges d'un ancien oratoire du IVe siècle de part et d'autre de l'entrée principale sous le sol actuel. Également des restes d'architecture romaine profane, probablement d'anciens bâtiments commerciaux, visibles dans le hall d'entrée actuel ou nommé le narthex (ancienne rue romaine). Une chasse au trésor ecclésiastique s'annonce.

Espagne

Saint-Jacques-de-Compostelle

Un champ d'étoiles

Type
Cathédrale, ville et lieu de pèlerinage

Situation
Galice (nord-ouest de l'Espagne)

Religion, civilisation
Catholicisme

Quelques chiffres
Cathédrale romane édifiée de 1075 à 1211 : 97 m de long, 65 m de large, et des voûtes à 22 m de haut ; transformée par l'apport baroque aux XVIIe-XVIIIe siècles ; classée par l'Unesco (comme toute la ville ancienne) en 1985.

Âge d'or
Du IXe au XIVe siècle ; le pèlerinage est un phénomène européen (500 000 pèlerins/an aux XIe-XIIe siècles !).

À ne pas manquer
La Saint-Jacques, le 25 juillet (fête plus importante si elle tombe un dimanche – « année jacquaire »). On peut bénéficier d'une indulgence plénière, absolution de tous ses péchés.

Liée pour l'éternité à son pèlerinage, Saint-Jacques-de-Compostelle, de réputation universelle, tisse ses chemins depuis le IXe siècle.

Selon la légende, à la mort du Christ, l'apôtre Jacques part évangéliser l'Espagne puis rentre à Jérusalem, où il est décapité vers l'an 44. Sa dépouille est alors escortée par ses disciples jusqu'en Galice, à bord d'une barque menée par un équipage d'anges. Puis son tombeau sombre dans l'oubli jusque vers l'an 814, lorsqu'une miraculeuse pluie d'étoiles en signale l'emplacement à un ermite nommé Pelayo.

À la suite du roi Alphonse II le Chaste, toute la chrétienté dirige alors ses pas, durant tout le Moyen Âge, vers ce *Campus Stellae* où se dressent bientôt église, cathédrale et palais. Nombreux sont les chemins qui, de monastères en ermitages, traversent toute l'Europe. Aujourd'hui encore autour de sa somptueuse cathédrale, le lacis de ruelles et de places pavées transporte hors du temps. Et le fervent recueillement des pèlerins devant le buste de saint Jacques et le portique de la Gloire – apothéose de l'art roman – nourrit l'âme de cette ville.

RELIGIEUX OU POLITIQUE ?

L'essor du pèlerinage au Moyen Âge et l'exaltation autour de la figure de saint Jacques coïncident aussi avec la *Reconquista* menée depuis le nord de l'Espagne par les chrétiens contre les royaumes musulmans… Ainsi saint Jacques apparût-il, chevauchant un cheval blanc, au roi Ramiro Ier dès 844 à la bataille de Clavijo contre l'émir de Cordoue Abd al-Rahman II. Ou comment galvaniser ses troupes en invoquant une figure protectrice ! La figure de saint Jacques *matamoros*, « tueur de Maures », Saint-Jacques protecteur de l'Espagne chrétienne médiévale était née, pile au moment opportun.

Espagne

Mosquée-cathédrale de Cordoue

Les piliers de la foi

Type
Mosquée puis cathédrale

Situation
Andalousie

Religion, civilisation
Actuellement, catholicisme (bâtie par al-Andalus)

Quelques chiffres
Plus de 1000 colonnes lors de la construction (du VIIIe au Xe siècle) ; 23000 m^2 ; devenue église en 1236 puis cathédrale au XVIe siècle.

Âge d'or
Au Xe siècle, lors de l'apogée de l'émirat de Cordoue, puis au XVIe siècle, lors de la construction de la chapelle-cathédrale.

Comment y aller
En plein centre de la vieille ville de Cordoue, presque au bord du Guadalquivir.

Joyau architectural d'une incroyable pureté, la mosquée de Cordoue a des airs d'éternité.

Arriver à Cordoue, et s'éblouir de ses charmants entrelacs de ruelles. S'y perdre. Délicieusement. Trouver l'entrée de la mosquée. Traverser, ravi, la cour des Orangers, pavée de galets et sillonnée de canaux d'irrigation. Admirer, déjà, la longue façade de pierres ocres de la mosquée. Prendre l'ombre sous le clocher-minaret, y déceler, sous le style Renaissance, les vestiges d'architecture omeyyade. Pénétrer, enfin, dans l'intimité de la Mezquita-Catedra (en v.o.)…

Dans le clair-obscur se dresse une formidable forêt de 854 colonnes, surmontées des fines et élégantes courbes des arcs superposés, blanc et ocre rouge alternés. Véritable trait de génie du constructeur, la surélévation de la voûte par une hauteur d'arcades doublant la première lui a certainement été inspirée par le dessin des aqueducs antiques. Le regard se perd de perspectives en alignements, s'étonne de la multitude des sources lumineuses et s'abandonne à cette sensation d'infini qui émane de l'édifice…

Un voyage dans le temps jusqu'à l'arrivée en 756 à Cordoue, simple province du Califat de Damas, d'Abd al-Rahman Ier, dernier descendant de la dynastie omeyyade défaite, qui fait de la ville la capitale de son émirat. Entre les dalles se découvrent quelques mosaïques exhumées de l'ancienne basilique wisigothe Saint-Vincent, sur laquelle l'émir édifia à partir de 785 sa grande mosquée, le plus vaste monument islamique d'Occident. Plus enfoui encore, peut-être même découvrirait-on traces d'un temple romain ou celte ?

UNE BEAUTÉ OUTRAGÉE

Près de 300 ans après la reconquête de Cordoue, Charles Quint, sans jamais avoir vu la mosquée, autorisa, pressé par le clergé local, la destruction de sa partie centrale afin d'ériger la chapelle principale. Quand il vint ensuite à Cordoue, il regretta amèrement cette décision : « Si j'avais su ce que vous aviez là, dit-il aux chanoines, je n'aurais pas permis qu'on y touche, car vous avez fait ce qui peut se faire n'importe où et avez détruit ce qui était unique au monde ! »

Point d'orgue de l'art baroque arabe, la maqsura et le mihrab déploient moulures, arabesques et inscriptions coufiques, dans une étroite harmonie. Quant à la coupole byzantine (Xe siècle) du mihrab, une merveille : une mosaïque de milliers de petits carreaux d'or, de cristal et de céramique.

En 1236, Cordoue la chrétienne fait de la mosquée son église, puis élève à partir de 1523 une chapelle au cœur même de la mosquée. Il fallut 243 ans de travaux, un florilège de styles (gothique tardif, Renaissance, baroque) et l'intelligence de l'architecte pour conserver la nef axiale de la mosquée, sans que la chapelle ne cache jamais la niche sacrée du mihrab. Un véritable tour de force, qui conserve à l'édifice, encore aujourd'hui, son architecture tout simplement magique.

• EXPÉRIENCE ROUTARD •

Accès gratuit à la mosquée-cathédrale pendant l'office du matin (en général 8h30-9h30), avant l'ouverture à la visite. Avantage : très peu de monde, ce qui garantit une certaine sérénité. Profitez aussi du crépuscule pour admirer la mise en valeur de l'enceinte de la Mezquita : l'éclairage est magnifique, et là encore moins de foule.

Barcelone (Espagne)

Sagrada Família

Un sacré chantier !

Type
Basilique

Situation
Catalogne

Religion, civilisation
Catholicisme

Quelques chiffres
172 m de haut (contre 90 m pour la cathédrale de Barcelone). Construction débutée en 1882, en partie classée par l'Unesco en 2005. « Temple » devenu basilique en 2010 et permis de construire délivré en… 2019 !

Comment y aller
En plein centre de Barcelone, dans le quartier de l'Eixample, station de métro Sagrada Família.

Symbole de Barcelone, la Sagrada Família laisse pétrifié, délicieusement captivé par son incroyable créativité architecturale, quintessence du modernisme catalan.

Le projet, repris en 1884 par Gaudí, visionnaire introverti à l'œuvre exaltée, élance peu à peu ses façades et ses tours vers le ciel catalan. Comme venue du temps des cathédrales, sa richesse en symboles, évoquant les rêves les plus sublimes, annonce déjà le surréalisme…

Exclusivement financée par des dons, leur abondance fut telle vers 1893 que les commanditaires exigèrent de Gaudí un caractère plus hardi et plus grandiose que prévu. Ce qui explique la démesure de la façade de La Nativité, la façade principale, la seule achevée du vivant du génial architecte, disparu en 1926. Une saisissante beauté, aussi spirituelle que techniquement passionnante, puisque la construction se poursuit jour après jour sous les yeux émerveillés des visiteurs.

UN ASCÈTE DÉSARGENTÉ ET GÉNIAL

Gaudí passe les 12 dernières années de sa vie au sous-sol de la Sagrada Família, se nourrissant modestement de fruits secs et vêtu de frusques élimés. Le 7 juin 1926, renversé par un tramway et pris pour un mendiant, il fut hospitalisé trop tard pour être sauvé. Mais une foule immense vint lui rendre un dernier hommage, et continue à lui rendre visite dans le musée-crypte où repose ce poète-architecte. Le plus bel hommage serait peut-être l'achèvement des travaux en 2026, centenaire de sa disparition ?

France

Mont-Saint-Michel

La merveille

Type
Abbaye

Situation
Normandie

Religion, civilisation
Catholicisme

Quelques chiffres
Une douzaine de moines et moniales et moins de 10 résidents à l'année. Le Mont connaît les plus fortes marées d'Europe. Quand la mer se retire, elle libère 25 000 ha de tangue, de sable, d'herbes et de rivières, pour s'éloigner jusqu'à 18 km du fond de la baie.

Quand y aller
Après 19h, d'autant qu'en été l'abbaye ferme tard.

Comment y aller
À vélo par les voies vertes et véloroutes qui sillonnent le coin. En bus depuis Rennes, Dol-de-Bretagne ou Granville.

La saillante silhouette du Mont-Saint-Michel, ce rocher coiffé d'une minérale abbaye, surgissant au milieu d'une immense baie ouverte, laisse sans voix.

Le Mont naquit en l'an 708, lorsque l'archange Michel apparut à l'évêque d'Avranches et lui demanda de bâtir un sanctuaire sur le mont Tombe. Commence alors la construction d'une modeste chapelle. Trois siècles plus tard, le duc de Normandie Richard Ier y installe une communauté de moines bénédictins qui transforment la chapelle en une abbaye de granit, achevée en 1523. Cette dernière démontra sa robustesse face aux assauts des Anglais lors de la guerre de Cent Ans et devint ainsi une construction militaire exemplaire et un symbole de l'identité nationale.

En 1789, les religieux sont chassés par la Révolution et l'abbaye fait office de prison jusqu'en 1863, avant d'être classée Monument historique en 1874. Restaurée sans répit, le Mont s'ouvre au tourisme par la construction d'une digue-route le reliant au continent. Les moines l'ont réinvesti en 1960. L'abbaye est aujourd'hui habitée par deux poignées de moines et de moniales, communauté des Fraternités monastiques de Jérusalem en 2001.

Inscrit au Patrimoine mondial de l'Unesco depuis 1970, le Mont demeure toujours lieu de pèlerinage. En 2015, après des années de travaux qui ont vu la disparition de la digue-route, ce dernier est redevenu une île, retrouvant l'écrin maritime de ses origines… Avec près de 2,5 millions de visiteurs par an, c'est le troisième site le plus fréquenté du pays.

LA BASTILLE DES MERS

À la Révolution, les bénédictins chassés, le Mont devint une prison et abrita jusqu'à 700 détenus de droit commun et quelques prisonniers politiques.

Après la révolution de 1848, Blanqui, Barbès et Raspail, entre autres, y furent incarcérés… Victor Hugo s'en indigna, surnommant cette prison de « crapaud dans le reliquaire » ! Napoléon III la ferma définitivement en 1863.

DANS LES ENVIRONS

La baie du Mont-Saint-Michel ne saurait se réduire à ce dernier. De Saint-Malo à Avranches (formidable Scriptorial, le musée des manuscrits), entre Bretagne et Normandie, la côte s'étire, indolente, au rythme de longues étendues de sable fin, léchées par des eaux couleur émeraude. Les villes balnéaires cossues et leurs petits ports animés offrent l'occasion de faire trempette ou de déguster des huîtres.

• EXPÉRIENCE ROUTARD •

Aborder le Mont-Saint-Michel en traversant la baie à pied. Au Moyen Âge déjà, les pèlerins empruntaient ce chemin pour rejoindre le Mont. En saison, on part pieds nus, en short, car il n'est pas rare de devoir s'enfoncer dans l'eau jusqu'aux genoux, voire jusqu'aux cuisses ! Toujours prévoir un bon coupe-vent et un vêtement chaud car, même quand le soleil brille, il peut faire froid. L'approche se révèle particulièrement magique à l'aube ou au crépuscule. Les traversées de la baie doivent impérativement être encadrées par un guide. Ne jamais partir seul !

France

Notre-Dame de Chartres

Spectaculaire vaisseau de pierre

Type
Cathédrale

Situation
Centre-Val de Loire

Religion, civilisation
Catholicisme

Quelques chiffres
La tour sud est haute de 103 m, tandis que la tour nord s'élève à 112 m. Au total, 80 % des vitraux sont d'origine : 176 verrières représentent plus de 5000 personnages et plus de 150 heures de lecture.

Âge d'Or
Du XIe au XIIIe siècle.

À ne pas manquer
« Chartres en lumières », de mi-avril à mi-octobre.

Comment y aller
À plus de 80 km au sud-ouest de Paris, accessible en TER. La gare est toute proche de la cathédrale.

Chartres évoque avant tout sa fabuleuse cathédrale, dont les flèches surgissant au milieu des champs de blé permettaient aux pèlerins de se repérer de loin.

Les origines de la cathédrale de Chartres, inscrite au Patrimoine mondial de l'Unesco, remontent au IVe siècle. Elle est maintes fois détruite par les guerres et invasions, et toujours reconstruite. En 1020, elle prend feu et l'évêque Fulbert décide de reconstruire l'une des plus importantes cathédrales de l'Occident chrétien. De cet édifice, il subsiste la crypte de style préroman, la plus vaste de France.

Un autre incendie, en 1194, détruit la cathédrale romane. Sa reconstruction, achevée très rapidement, donne à la cathédrale gothique que l'on connaît une homogénéité architecturale presque unique en France, pratiquement inchangée depuis. Elle reste aujourd'hui un important lieu de pèlerinage, surtout à la Pentecôte.

Elle est célèbre pour l'exceptionnelle préservation de ses vitraux. Parmi la palette de couleurs, le célèbre « bleu de Chartres », un bleu limpide et lumineux, fascine. Au-delà de la finesse de leur exécution et de la richesse de l'éventail des épisodes relatés, l'art du vitrail constitue en lui-même toute une symbolique : il illustrerait la présence de Dieu (la lumière) dans l'humanité (la diversité des formes et des couleurs). Quant aux épisodes bibliques, ils constituent une mine d'informations sur la vie au Moyen Âge.

LE TOUT-À-L'ÉGOUT DE LA CATHÉDRALE

Au niveau de l'entrée de l'édifice, le sol de la cathédrale est en pente car, à l'époque, de nombreux pèlerins dormaient dans l'église. Il fallait pouvoir laver à grande eau, et cette dénivellation permettait d'évacuer l'eau plus facilement. L'aspect pratique rejoint alors la symbolique : on monte vers l'autel comme on s'élève vers Dieu.

France

Château de Montségur

Une citadelle du vertige

Type
Ruines

Situation
Occitanie

Religion, civilisation
Catharisme

Quelques chiffres
Le château s'élève à 1207 m d'altitude. 95 % des bâtiments du château ont disparu. Au début du XIIIe siècle, la forteresse cathare abrita plus de 1000 personnes sur le rocher.

Âge d'or
À partir de 1232, Montségur devient le siège de l'Église hérétique qui résista jusqu'en 1244.

Comment y aller
À 75 km au sud-ouest de Carcassonne. Compter une bonne demi-heure à pied pour la montée, raide, jusqu'au château.

Flottant entre terre et ciel, quasiment inexpugnable, le château de Montségur est le symbole de la résistance cathare, qui a marqué la mémoire locale.

Au Xe siècle, l'incompréhension du peuple s'accentue face à un haut clergé tout-puissant. En réaction aux abus du pouvoir religieux, les cathares prônent un retour à un christianisme plus « pur ». Pour eux, Dieu n'a pu créer que le Paradis, le monde terrestre n'étant qu'une émanation satanique. L'homme ne peut être sauvé qu'en se détachant des biens terrestres, par une rigoureuse ascèse. L'Église s'affole, car cette doctrine sape les fondements mêmes de la société féodale sur laquelle elle a un pouvoir absolu. Sans oublier la violente critique de la richesse de l'église et du Vatican. Rome condamne les cathares pour hérésie et déclenche une croisade.

Au début de la croisade, l'Église et le pouvoir royal ne s'aventurent pas à attaquer la place forte de Montségur, bien gardée. Après 40 ans de refuge, acculés par un siège qui dura près d'un an, les cathares se rendent le 2 mars 1244. Aujourd'hui, il ne reste presque rien du château de jadis, mais le site et la vue restent grandioses !

DANS LES ENVIRONS

D'autres « citadelles du vertige » méritent une visite, voire toute une épopée ! Carcassonne, Lastours, Aguilar, Termes, Quéribus, Peyrepertuse, Puilaurens sont autant de vestiges qui ont survécu au temps, fascinants dans leur dénuement.

NUL N'EST PARFAIT !

Au Ve siècle, saint Augustin qualifia de « cathares » les membres d'une secte d'Afrique (*katharos* signifie « pur » en grec). Une épithète reprise de façon péjorative par le clergé catholique du XIIe siècle pour qualifier des hérétiques rhénans. Les albigeois (autre nom des cathares) s'appelaient simplement entre eux « bons hommes », « bonnes dames » ou « bons chrétiens ». Par raillerie, les croisés catholiques surnommaient ces purs « parfaits » (sous-entendu parfaits hérétiques). Au final, l'histoire moderne a gardé le vocable péjoratif de « cathare ».

France

Lourdes

La capitale française de la chrétienté

Type
Lieu de pèlerinage

Situation
Occitanie

Religion, civilisation
Catholicisme

Quelques chiffres
Lourdes reçoit plusieurs millions de visiteurs par an et compte plus de 140 hôtels. Sur plus de 7000 demandes de guérison, 70 cas ont été reconnus miraculeux par l'Église. Près de 380 t de cire fondent chaque année, soit une moyenne de 1 t par jour.

Âge d'or
Au XXe siècle, la cité mariale connaît un succès colossal.

Comment y aller
À 180 km à l'ouest de Toulouse, à 150 km à l'est de Bayonne. En train depuis Paris, Bordeaux ou Toulouse, et en car depuis Tarbes, Argelès-Gazost ou Luz-Saint-Sauveur.

Lourdes, ville sainte de renommée mondiale, est le lieu de pèlerinage le plus fréquenté de France. C'est aussi un sacré phénomène de société !

Lourdes serait probablement restée longtemps une petite ville comme les autres s'il ne s'était produit un événement qui allait bouleverser sa destinée. Le 11 février 1858, Bernadette Soubirous, alors âgée de 14 ans, voit l'apparition d'une « Dame » au-dessus d'une grotte au lieu-dit Massabielle, qui se révélera être « l'Immaculée Conception ». Les mois suivants, ce phénomène se reproduit de nombreuses fois.

En 1862, les apparitions sont reconnues authentiques et, en 1866, une première messe est célébrée dans la chapelle nouvellement construite. Au lendemain de la guerre de 1870-1871, Lourdes vit déjà de grands pèlerinages et de la venue de nombreux malades, dont beaucoup espèrent une guérison miraculeuse.

Le rocher de Massabielle abrite la fameuse statue de la Vierge. Au fond de la grotte, jaillit la source. La basilique Notre-Dame-du-Rosaire, à l'architecture hautement symbolique, est en forme de croix grecque et de style néo-byzantin. Elle est reliée à la basilique de l'Immaculée-Conception. Enfin, la basilique souterraine Saint-Pie-X, qui se trouve à côté de l'esplanade, est l'un des édifices les plus vastes du monde !

Y A PLUS DE MIRACLE !

C'est un fait, il y aurait de moins en moins de miracles à Lourdes. Entre 1976 et 2018, seules 8 guérisons miraculeuses ont été reconnues. En 1858, l'année des apparitions, l'Église en avait reconnu pas moins de 7, et 20 en 1908 ! Que se passe-t-il ? La cause du déclin a vite été identifiée : les critères exigés par Rome pour authentifier une guérison sont obsolètes. Il faut désormais que « nulle médication n'ait été donnée pour que le miracle soit officiellement reconnu » ! Indispensable aujourd'hui.

France

Sainte-Marie-Madeleine de Vézelay

Perchée sur la « colline éternelle »

Type
Basilique

Situation
Bourgogne-Franche-Comté

Religion, civilisation
Catholicisme

Quelques chiffres
La nef, haute de 18 m, impressionne par sa perspective. Dans la crypte, 12 colonnes reposent directement sur le rocher. La salle capitulaire est soutenue par 6 voûtes d'ogives.

Âge d'or
De tout temps, Vézelay fut une étape essentielle pour les pèlerins qui se dirigeaient vers Saint-Jacques-de-Compostelle.

Comment y aller
À environ 100 km de Dijon et 220 km de Paris. Les gares TER les plus proches sont à Avallon et Sermizelles.

Dominant la vallée de la Cure et le Morvan, la basilique de Vézelay accueille les pèlerins sur le chemin de Saint-Jacques-de-Compostelle depuis le XIe siècle.

L'effort de la montée, parfois éprouvant sous le soleil, est récompensé par la vénérable basilique, dont la façade, d'une sobre beauté, a retrouvé sa blancheur d'antan. Joyau de l'art roman, elle est inscrite au Patrimoine mondial de l'Unesco.

Connue dès le XIe siècle pour abriter les reliques de sainte Marie-Madeleine, l'abbaye fut le point de départ de la deuxième croisade prêchée, au XIIe siècle, par saint Bernard. Plus tard, le roi de France Philippe Auguste et le roi d'Angleterre Richard Cœur de Lion y initièrent la troisième croisade.

Saint François d'Assise y fonde le premier monastère franciscain en France. La basilique fut entièrement restaurée par Viollet-le-Duc au XIXe siècle. Depuis 1993, les frères et sœurs des Fraternités de Jérusalem ont redonné un peu de vie monastique à la basilique.

À l'intérieur, les styles roman et gothique se marient avec beaucoup de naturel. D'une grande sobriété, la nef est étonnamment lumineuse pour être romane, et bien élégante avec ses arcs-doubleaux bicolores. Le jour du solstice d'été, les rayons du soleil viennent frapper le sol et forment des croix : c'est le fameux « chemin de lumière ». La petite crypte carolingienne abrite des reliques de sainte Marie-Madeleine, dans une atmosphère recueillie.

LA GUERRE DES RELIQUES

Vézelay a toujours été un haut lieu de la chrétienté. Il fallait donc des reliques à la hauteur de cette « colline sacrée ». Les Sarrasins envahissant le Midi, il était urgent de sauver les reliques de Marie-Madeleine conservées à Saint-Maximin, dans le Var. On envoya le moine Badilon – quand même escorté de soldats – pour les voler. Bien sûr, le clergé de Saint-Maximin prétend aujourd'hui que les reliques de Vézelay sont fausses… Comme les bijoux de la Castafiore ?

France

Notre-Dame de Paris

La Vénérable

Type
Cathédrale

Situation
Paris

Religion, civilisation
Catholicisme

Quelques chiffres
L'édifice fut achevé vers 1340.
Une des deux tours abrite une énorme cloche de 13 t (le battant pèse, à lui seul, 500 kg) qui requérait la force de 16 hommes du temps où elle était encore activée par des cordes (jusqu'au XIXe siècle).

Comment y aller
En métro, arrêts Cité ou Saint-Michel ; en RER B et C jusqu'à Saint-Michel-Notre-Dame.

Sur l'île de la Cité, la splendide cathédrale de Notre-Dame, devenue emblème national, résiste face aux écueils de l'Histoire.

Au milieu du XIIe siècle, l'évêque de Paris, Maurice de Sully, décida de bâtir une prestigieuse cathédrale, dont la construction dura près de deux siècles. À l'époque, des découvertes architecturales permirent de faire entrer davantage de lumière dans les édifices ; le gothique était né. Notre-Dame inspira de nombreuses œuvres artistiques, dont le célèbre roman historique de Victor Hugo (1831) qui fit de la cathédrale un personnage à part entière.

Notre-Dame de Paris a vu défiler des événements majeurs de l'histoire de France : l'arrivée de la couronne d'épines du Christ en 1239 rapportée de croisade par Saint Louis, le procès en réhabilitation de Jeanne d'Arc, le mariage entre Marguerite de Valois et Henri de Navarre. Pendant la Révolution, les cloches furent fondues, et les rois de Juda sur la façade décapités. Les révolutionnaires les avaient pris pour les rois de France ! Puis le sacre de Napoléon en 1804. Enfin, la messe de Libération en août 1944, au cours de laquelle le général de Gaulle – qui chanta, faux paraît-il, un Magnificat – échappa à son premier attentat. Sans oublier la tragédie de l'incendie du 15 avril 2019.

LA COURONNE DU CHRIST ? SACRÉ… MENT CHÈRE

Saint Louis décida d'acheter cette couronne, un anneau de jonc tressé de 21 cm de diamètre, protégé par un cylindre de cristal et d'or, à l'empereur Baudouin de Constantinople. Le roi mit 135 000 livres sur la table. Pratiquement une demi-année de revenus du domaine royal ! Les empereurs de Constantinople et les rois de France dispersèrent 70 épines à travers le monde.

Devant la cathédrale, une étoile de bronze figure le centre de Paris. C'est aussi de là que sont calculées, depuis le Moyen Âge, les distances reliant les différentes villes de France à la capitale. La façade principale est composée de trois gigantesques portails. Au-dessus de la galerie des Rois, la rosace, d'une étonnante pureté.

Dominant cet ensemble majestueux des XIIe et XIIIe siècles, les fameuses tours. Les gargouilles d'évacuation des eaux, aux têtes grimaçantes, de Viollet-le-Duc, donnent un brin d'humour à l'édifice. Également des chimères, censées protéger la cathédrale des esprits mauvais. Avant l'incendie, on pouvait, dans la salle du trésor, découvrir la couronne d'épines du Christ. Elle se trouve désormais à Saint-Germain-l'Auxerrois, cathédrale de substitution, où elle est exposée le premier vendredi de chaque mois. La réouverture des lieux est prévue pour avril 2024.

• EXPÉRIENCE ROUTARD •

À l'extrémité de l'île de la Cité, telle la proue d'un navire, se blottit le square du Vert-Galant, du surnom donné à Henri IV, qui passait pour un homme vigoureux auprès des femmes… Un lieu de rendez-vous très apprécié des pêcheurs et des amoureux. C'est aussi un point idéal d'observation du va-et-vient des bateaux-mouches sur le fleuve. Derrière le square, un escalier débouche sur le Pont-Neuf.

Marseille (France)

Notre-Dame-de-la-Garde

La Bonne Mère

Type
Basilique

Situation
Provence

Religion, civilisation
Catholicisme

Quelques chiffres
Installée sur un piton calcaire à 161 m, la basilique est surmontée d'une statue de la Vierge de 11,20 m de haut. Elle accueille plus de 2,5 millions de visiteurs chaque année.

Âge d'or
La basilique fut édifiée au XIXe siècle pour accueillir les pèlerins qui, depuis les premières épidémies de choléra, affluèrent en nombre.

Comment y aller
À pied, compter 30-40 mn depuis le Vieux-Port par le cours Puget et le jardin de la Colline. Sinon, bus n° 60 depuis le Vieux-Port.

Notre-Dame-de-la-Garde est un lieu magique, hors du temps, d'où l'on contemple toute la ville de Marseille et la grande bleue.

Depuis son promontoire, Notre-Dame-de-la-Garde surplombe la cité phocéenne et protège depuis toujours les marins et les pêcheurs. Symbole de l'identité marseillaise par excellence, la Bonne Mère constitue un fidèle repère qu'on ne perd jamais de vue. Si elle demeure aujourd'hui un lieu de pèlerinage, c'est aussi un lieu de vie rassemblant des visiteurs de tous horizons et de toutes confessions. Même les nouveau-nés issus de familles non pratiquantes ont le droit à leur bénédiction, une cérémonie unique en France !

De style romano-byzantin, dans un déploiement de marbres et de mosaïques, la Bonne Mère est connue pour sa statue de la Vierge, réalisée en cuivre et dorée à la feuille d'or. Pour la rejoindre, l'architecte Espérandieu avait conçu un escalier autour d'une flèche en acier. S'il était encore possible d'y grimper au siècle dernier, seuls les services techniques ont aujourd'hui le privilège d'admirer la vue par les yeux de la Vierge.

À l'intérieur, extraordinaire collection d'ex-voto et de maquettes de bateaux ou d'avions suspendues à la nef qui témoignent d'une expression de la foi très méditerranéenne comme, dans la crypte, les plaies d'un christ en croix, creusées à force d'avoir été touchées.

SARDINE OU SARTINE ?

Les Marseillais seraient-ils exagérateurs, comme le laisse supposer la légende largement répandue de la « Sardine » qui aurait bouché le port de Marseille ? Que nenni : en fait, au XVIIIe siècle, un navire appelé *La Sartine* a effectivement coulé, après avoir été attaqué par les Anglais, mais surtout à la suite d'une mauvaise manœuvre dans la passe du Vieux-Port. Du coup, il en a obstrué l'accès pour quelque temps. Depuis, les Marseillais prétendent que c'est un poisson qui a bouché le port !

France

Rocamadour

Un miracle d’équilibre

Type
Sanctuaire

Situation
Lot, dans le parc naturel régional du Quercy

Religion, civilisation
Catholicisme

Quelques chiffres
5 chapelles, une crypte et une basilique, le tout bâti à partir du XIIe siècle et à 120 m en surplomb des gorges de l’Alzou.

Âge d’or
Du XIIe au XIVe siècle, le site est très fréquenté par toutes les têtes couronnées : Henri II Plantagenêt, Saint Louis, Philippe le Bel, Charles VI, saint Antoine de Padoue, Louis XI…

Comment y aller
Se garer en haut de la ville, au niveau du château (et y remonter en ascenseur) ou en bas dans la vallée (ça grimpe, mais navette, heureusement).

Défiant les lois de l’équilibre, Rocamadour suspend sanctuaire troglodytique et superbes maisons médiévales au roc d’une immense falaise.

Le site est tout simplement spectaculaire et dégage une spiritualité qui semble venir de la nuit des temps. Au XIIe siècle, au pied d'une chapelle troglodytique, une dépouille intacte (signe de sainteté !) est découverte. On baptise le saint Amadour (soit « serviteur de Marie ») en hommage à un ermite local. Un pèlerinage se développe, sous l’égide des bénédictins, autour de la chapelle Notre-Dame et de la crypte de Saint-Amadour, qui constituent aujourd'hui encore le cœur de la cité sainte.

On reste en admiration devant les belles fresques murales et le portail (XIVe-XVe siècles, époque de la reconstruction du sanctuaire). Mais toute la ferveur se manifeste ici pour la Vierge noire du XIIe siècle, à l'origine de plusieurs miracles, et, curieusement, protectrice des marins.

UN SACRÉ LANCÉ

La légende l’affirme, l’épée fichée dans le rocher à Rocamadour n’est autre que la mythique Durandal, l’épée du non moins mythique Roland. Pour qu’elle ne tombe pas entre les mains des Sarrasins lors de la défaite de Roncevaux, Roland tenta sans succès de la briser sur un rocher. Il lança alors Durandal de toutes ses forces, si fort qu’elle vint se planter quelques centaines de bornes plus loin, au-dessus de la chapelle Notre-Dame de Rocamadour, où elle est toujours visible aujourd’hui (et sacrément rouillée).

Saint-Maximin-la-Sainte-Baume (France)

Saint-Maximin et grotte de Marie Madeleine

La crypte perdue

Type
Basilique royale et grotte

Situation
Var, en Provence-Alpes-Côte-d'Azur

Religion, civilisation
Catholicisme

Quelques chiffres
Basilique édifiée de 1296 à 1532, nef de près de 80 m de long et 30 m de hauteur ; grotte transformée en chapelle au XIIIe siècle, à 950 m d'altitude.

À ne pas manquer
Procession à la grotte de la Sainte-Baume le lundi de Pentecôte.

Comment y aller
Basilique en plein centre de Saint-Maximin ; grotte accessible à pied : minimum 1h30 aller-retour par le chemin des Roys, ou par le GR®9 depuis l'Hostellerie de la Sainte-Baume sur la CD 80.

En plein cœur de la Provence verte, la basilique de Saint-Maximin et la grotte de Marie Madeleine racontent la femme la plus vénérée du catholicisme après la Vierge Marie.

Au Ier siècle, dit la légende, l'apôtre Pierre chargea sainte Marie Madeleine (l'amie du Christ) et saint Maximin d'évangéliser la Provence. Au fil des siècles et des secrets, la mémoire de leurs sépultures se perdit. Ce n'est qu'en 1279, à l'initiative de Charles II, roi de Sicile et comte de Provence, que sont menées des fouilles sur le site actuel de Saint-Maximin. Chance ou miracle (bien approprié), on exhume une crypte du IVe siècle et quatre sarcophages, dont ceux de sainte Marie Madeleine et saint Maximin ! Depuis 1296, pèlerins et dévôts se pressent vers la basilique royale, la plus vaste église de style gothique provençal, et les reliquaires de sa crypte. Ce pieux pèlerinage se poursuit à pied vers la grotte de la Sainte-Baume, où Marie Madeleine vécut 30 ans dans la solitude et la prière.

LA SAINTE PREUVE DU FENOUIL

Qui dit crypte et sarcophage ne dit pas forcément sainteté… Comment les « archéologues » du XIIIe siècle ont-ils acquis la conviction qu'il s'agissait bien des saintes dépouilles de Marie Madeleine et de Maximin ? C'est que l'un des corps mâchonnait une tige de fenouil toujours fraîche (très efficace pour la digestion et l'haleine). Plus miraculeux encore : il subsistait, intact, un lambeau de chair à l'endroit même où, au matin de sa résurrection, Jésus avait posé sa main sur le front de Marie Madeleine. Plus de doute possible !

43° 27' 10'' N, 4° 25' 43'' E

France

Saintes-Maries-de-la-Mer

Des femmes charismatiques et pieuses !

Type
Église et lieu de pèlerinage

Situation
Camargue (Bouches-du-Rhône)

Religion, civilisation
Catholicisme

Quelques chiffres
Une église, 3 saintes. Pèlerinage aux Marie depuis 1448 ; celui de Sara est reconnu par l'Église depuis 1935.

À ne pas manquer
Le 24 mai, pèlerinage gitan de Sainte Sara ; le 25 mai, c'est au tour de Marie Jacobé. Autre pèlerinage moins fréquenté, pour Marie Salomé, le 22 octobre.

Comment y aller
Prendre le temps de vivre en suivant les petites routes de Camargue !

Aux Saintes-Maries-de-la-Mer, Provençaux et Gitans communient chaque année dans une ferveur unique.

Des gardians à cheval, des Arlésiennes en costume et des processions solennelles depuis la petite église romane fortifiée, Notre-Dame-de-la-Mer, jusqu'au rivage de la Méditerranée : la Provence éternelle et mystique reste ici intensément vivante. Débarquées dans ce monde de sable et d'eau vers l'an 40, dit-on, entre autres apôtres et disciples du Christ qui s'éparpillèrent à évangéliser la région, Marie Salomé, mère des apôtres Jacques et Jean, Marie Jacobé, sœur de la Vierge, et Sara la Noire, leur servante égyptienne, posèrent leurs auréoles sur ce rivage.

Le bon roi René authentifia leurs reliques en 1448, ouvrant la voie à un pèlerinage. Si les deux Marie concentrent la ferveur des Provençaux, c'est une liesse puissante qui entoure Sara, patronne des Gitans. De toute la France, de toute l'Europe, affluent Roms, Manouches et Tziganes qui l'accompagnent de sa crypte à la mer dans les jaillissements d'une foi sans entrave. Après la procession, le son et le rythme du flamenco vibrent dans tout le village.

UNE SAINTE CONTROVERSE

Si les Gitans ont fait de Sara leur patronne, il s'agit probablement des réminiscences d'un ancien culte à Astarté, déesse égypto-phénicienne, voire à Kali, issue du panthéon hindou. Difficile de dater les débuts du pèlerinage à Sara, mais il se tient sous sa forme actuelle depuis le XIXe siècle. L'église, réticente à faire de Sara une sainte, reconnaît cependant ce pèlerinage depuis 1935. Une manière, aussi, de conserver les Gitans dans le giron de l'église catholique !

Île d'Amorgos (Grèce)

Monastère de Panagia Chozoviotissa

Infiniment blanc

Type
Monastère

Situation
Île d'Amorgos, Cyclades, mer Égée

Religion, civilisation
Orthodoxe

Quelques chiffres
Fondé au XIe siècle, il est situé à 300 m au-dessus de la mer Égée, à 20 mn de marche de la route et est habité par 3 moines.

À ne pas manquer
À la Pâque orthodoxe, les icônes du monastère sont portées en procession pendant une semaine à travers toute l'île.

Comment y aller
Amorgos est à 8-9h de ferry du port du Pirée (Athènes) ou 5-6h depuis Naxos (Cyclades). Et le monastère est perché près de Chora.

Tel une forteresse divine et naturelle, le monastère de Panagia Chozoviotissa adosse sa blancheur immaculée à une falaise majestueuse : spectaculaire !

Suspendu entre ciel et mer, blanc de chaux et accroché à fleur de rocher, le monastère dédié à la Vierge *(panagia)* épouse la falaise au plus près. Blanc éclatant, brun rougeoyant, turquoise qui vire au bleu intense : un éblouissement esthétique, un site époustouflant, choisi dès le XIe siècle par des moines venus de Palestine, plus précisément de la région de Chozova.

Les moines, tout entiers absorbés par leur vie spirituelle, y vivent et prient toujours, entre manuscrits précieux et icônes resplendissantes. À l'intérieur serpentent d'étroits escaliers, taillés à même le roc tout comme les cellules qu'ils desservent. On est même obligé de courber l'échine sous l'affleurement rocheux pour atteindre la délicate chapelle puis le réfectoire où un petit raki, un verre d'eau et un loukoum attendent le visiteur. La paix du corps comme de l'esprit !

DU GRAND BLANC AU GRAND BLEU

Si la Vierge réside au monastère, sa mère Anna se rencontre 300 m plus bas, après 30 mn à pied d'une belle descente vers la plage d'Agia Anna (Sainte-Anne). Dans un décor de falaises tombant à pic s'arquent de sublimes criques à l'eau d'un bleu si profond qu'elle donne irrésistiblement envie d'y plonger. Mais le site est couru depuis que la petite chapelle servit de maison à la famille du petit Jacques Mayol au début du *Grand Bleu*, tourné ici en 1987.

Grèce

Delphes

Le sanctuaire d'Apollon

Type
Site archéologique d'un sanctuaire panhellénique

Situation
En Phocide, sur le mont Parnasse

Religion, civilisation
Grèce antique

Quelques chiffres
Le site est édifié du VIIIe au IVe siècle av. J.-C., sur 51 ha ; le stade pouvait accueillir 7000 spectateurs et le théâtre 5000. Il est classé par l'Unesco en 1987.

Âge d'or
Du VIe au IVe siècle av. J.-C., Delphes fut le symbole de l'unité grecque.

À ne pas manquer
Le Musée archéologique, d'une richesse exceptionnelle.

Comment y aller
En bus, à 3h d'Athènes.

Sanctuaire d'Apollon honoré par toutes les cités de la Grèce antique, Delphes, dans un cadre enchanteur, eut un rayonnement religieux considérable.

Le panorama sur la vallée, sublime, moutonne en oliveraies et glisse lentement vers le bleu du golfe de Corinthe. À flanc du mont Parnasse, résidence divine s'il en est, Delphes est devenu l'*omphalos*, littéralement le « nombril du monde », depuis que deux aigles lâchés par Zeus à chaque extrémité de la terre se rencontrèrent ici. Apollon, fils de Zeus, en fait son sanctuaire et le siège de son oracle, porté par la voix de la Pythie.

La Voie sacrée, bordée des trésors-templions de chaque cité (celui d'Athènes veille toujours) destinés aux offrandes, mène aux majestueuses colonnes du temple… La Pythie officiait en sous-sol, voilée aux regards, et de sa parole dépendait l'avenir des cités-États. Quant au stade – parmi les mieux conservés de l'époque – et au théâtre, s'y tenaient jeux delphiques et festivités en commémoration des victoires d'Apollon.

DOUBLE LANGAGE

Les grands des cités-États venaient consulter la Pythie pour se concilier les faveurs d'Apollon avant de partir en guerre ou d'envisager un long voyage, mais les réponses de l'oracle étaient souvent ambiguës. Ainsi Crésus, riche roi de Sardes (en Asie Mineure), s'entendit-il dire qu'en menant une guerre contre les Perses il détruirait un grand royaume… Il interpréta la prédiction à son avantage, alors que l'oracle annonçait la destruction de son propre royaume.

Ouranoupolis (Grèce)

Mont Athos

La sainte montagne

Type
Complexe de monastères

Situation
Péninsule de l'Akté, en Chalcidique, mer Égée

Religion, civilisation
Orthodoxe

Quelques chiffres
Fondation du premier monastère en 963, reconnu République monastique autonome en 1926. Au total, 20 monastères et environ 1650 moines. Classé par l'Unesco en 1988.

Âge d'or
Du Xe au XIIIe siècle, apogée de l'Empire byzantin orthodoxe.

Comment y aller
Accessible exclusivement en bateau depuis Ouranoupolis, sur réservation. Ni femmes ni enfants ne sont admis sur le mont.

Isolés sur une presqu'île préservée et inaccessibles à la moitié de l'humanité (les femmes), les monastères du mont Athos restent mythiques.

Les premiers ermites, pense-t-on, se seraient retirés loin du monde au milieu des châtaigneraies de cette longue presqu'île dès le IVe siècle. Mais la fondation du premier monastère, la Grande Laure, par Athanase l'Athonite remonte à 963. Depuis, les ermites se sont faits moines cénobites, et les monastères se sont multipliés – jusqu'à 180 au XIIIe siècle – avant que pirates et autres croisades ne guerroient dans les parages.

Loin du monde, toujours, et exclusivement masculin, le mont Athos, avec ses 20 monastères et multiples dépendances, s'est figé en musée vivant de l'orthodoxie, dans une nature particulièrement préservée. Nulle voiture, quelques minibus à peine. Les sentiers parcourent le maquis méditerranéen de monastère en monastère jusqu'à son sommet, à 2 033 m, coiffé d'une minuscule église… Un sanctuaire naturel où repose un millénaire de spiritualité.

UNE ARCHITECTURE RAYONNANTE

Les monastères, soutenus au fil des siècles par les empereurs byzantins puis slaves (dont les tsars) ont produit et accumulé un patrimoine artistique d'une grande richesse : icônes, manuscrits enluminés, fresques, mosaïques, reliquaires… Et dès le XVIe siècle, le style très codifié de leurs icônes s'est répandu dans toute l'Europe orthodoxe, des Balkans à la Crète, grâce aux icônes portatives, à la fois œuvre d'art et objet de culte. De même, l'architecture typique des monastères fut copiée ensuite jusqu'en Russie.

39° 42' 51'' N, 21° 37' 52'' E

Kalampaka (Grèce)

Monastères des Météores

Suspendus dans le ciel

Type
Curiosité géologique et monastères

Situation
Plaine thessalienne

Religion, civilisation
Orthodoxe

Quelques chiffres
Avec 6 monastères en activité, le site est le deuxième complexe monastique de Grèce après le mont Athos.

Âge d'or
Édifiés aux XIVe et XVe siècles, tous les monastères furent rénovés ou reconstruits au XVIe siècle. À l'apogée du site, on en comptait 24.

Comment y aller
De Kalampaka, une bonne route de 21 km aller-retour et un bus en up & down (on descend où on veut puis on prend le bus suivant) desservent tous les monastères.

Une curiosité géologique de toute beauté, qui fascina tant les hommes qu'ils y perchèrent des monastères dès le XIe siècle.

Au commencement, dit la légende, une main magnanime aurait éparpillé ces aiguilles et ces plateformes rocheuses sur terre pour offrir un cadre propice à la prière. Au commencement, disent les géologues, un massif fantastique, conglomérat de sédiments solidifiés, commandait, il y a 60 millions d'années, l'embouchure d'un grand fleuve qui se jetait en mer de Thessalie, avant que celle-ci se précipite en mer Égée. Et cette masse rocheuse, ébranlée par les tremblements de terre et érodée par les eaux et les millénaires, donna naissance à ces étonnantes formations.

Au plus près du ciel, des ermites s'installèrent dès le XIe siècle dans des grottes à flanc de parois, seuls face à une nature grandiose, tout emplis d'une aspiration au sacrée. La pression offensive des Turcs et des Albanais poussa au XIVe siècle à l'édification de monastères en haut des rochers, véritable forteresse naturelle : refuge spirituel autant que matériel.

Le moine Athanassios, venu du mont Athos, choisit au XIVe siècle un large rocher pour y fonder un embryon de monastère : une chapelle et quelques cellules. Ce *Megalo Météoron* (monastère du Grand Météore) dévoile toujours, dans l'église de la Transfiguration *(Métamorfossis)* des fresques du XVIe siècle de l'École crétoise, dont un remarquable *Supplice des saints*. Sur le rocher d'en face et contemporain, le monastère de Varlaam, qui culmine à 373 m au-dessus de la plaine, vaut pour sa silhouette et les splendides fresques postbyzantines de son *katholikon*.

PROCHE DES ÉTOILES, LOIN DES STARS

Jusque dans les années 1920, on n'accédait aux monastères que par des échelles à flanc de parois ou des paniers remontés avec force cordes et poulies. Le prix de la sérénité ! Au petit monastère de Agia Triada, en 1980, les popes restaient si jaloux de cette tranquillité qu'ils détestèrent l'agitation autour du tournage du James Bond *Rien que pour vos yeux*, avec Roger Moore et Carole Bouquet. Ils interdirent carrément l'accès au monastère à l'équipe, qui dut contruire un faux monastère sur un autre rocher.

Véritable prolongement vertical d'un rocher très étroit, pittoresque en diable, le monastère de Roussanou, ermitage du XIVe siècle devenu monastère en 1545, dévoile, dans son adorable église, des fresques à peine renovées, et un adorable jardin fleuri entretenu par les nonnes.

Presque au bout de la route, habité par des nonnes, Agios Stéphanos date du XVIe siècle. Mais dès 1192 un ascète, Jérémie, s'y retirait dans un ermitage, prémice à la fondation de la communauté. Les fresques de la chapelle respirent elles aussi le XVIe siècle.

• EXPÉRIENCE ROUTARD •

Dormir au charmant village de Kastraki, à 2 km de Kalampaka. Compter 2 jours pour visiter les six monastères perchés (et autant d'escaliers à grimper !). Pour ceux qui en redemandent, depuis Kastraki, compter 1h30 à pied jusqu'à Grand Météore et Vaarlam, puis suivre la route sur 10 km pour les trois monastères suivants (ou attraper un bus), et enfin regagner Kalampaka par un chemin au pied de Agia Triada. Pour explorer les vestiges des premiers ermitages, guides auprès des agences locales.

Hongrie

Nouvelle synagogue de Szeged

Un hymne à l'éclectisme, une ode au modernisme

Type
Synagogue

Situation
Au sud de la Hongrie, à la frontière de la Serbie et de la Roumanie, dans la région de Csongrád-Csanád

Religion, civilisation
Judaïsme

Quelques chiffres
Édifiée en 1903, elle comporte une imposante coupole d'une hauteur de 48 m, la bâtisse s'étend sur 48 m de long et 35 m de large.

Âge d'or
De 1903 à 1950.

Comment y aller
Depuis Budapest, compter 2h de train, de bus ou de voiture. À quelques kilomètres des frontières serbe et roumaine, accessible en bus ou voiture.

Véritable confluence de tous les styles architecturaux, la deuxième plus grande synagogue du pays est une exquise œuvre hétéroclite, riche d'histoire et de beauté.

Même les plus réfractaires à l'Art nouveau peuvent être séduits par l'agréable harmonie qui se dégage de ce pot-pourri artistique. En voulant exprimer l'assimilation des juifs, l'architecte aurait choisi de mettre en lumière tous les styles, de l'extérieur néobaroque à la coupole byzantine, en passant par des voûtes... gothiques.

Le bleu et l'or se marient à la perfection pour faire ressortir les *menorot* (chandelier à sept branches de la tradition juive) en bronze serties de pierres semi-précieuses scintillantes. L'objectif était évidemment de célébrer la culture juive avec les vitraux des fenêtres qui illustrent les grandes fêtes ou encore les 24 colonnes dans la nef comme autant de livres de la Bible hébraïque.

Avant de quitter les lieux, s'attarder sur les photographies datant de 1944 où l'on aperçoit la bâtisse quand elle servait alors d'entrepôt de chaussures et de meubles.

SYNAGOGUE NOUVELLE GÉNÉRATION

Au vu de l'affluence croissante des fidèles, un concours d'architecture fut lancé en 1898 afin de construire une nouvelle synagogue capable d'accueillir comme il se doit toute la communauté. Les plans du prolifique Lipót Baumhorn (qui fit construire 24 autres synagogues en Hongrie) décidèrent de célébrer l'artisanat moderne avec une ossature en fer construite, entre autres, par la société Gustave-Eiffel et des vitraux suivant les codes de l'Art déco. Un coup de neuf ouvrant ainsi la voie à de nouveaux types de lieux sacrés.

Lough Erne (Irlande du Nord)

Monastère médiéval de Devenish Island

Entre ciel et terre

Type
Monastère médiéval et tour ronde

Situation
Comté de Fermanagh

Religion, civilisation
Catholicisme

Quelques chiffres
498 m² de superficie, oratoire construit au VIe siècle et tour ronde édifiée au XIIe siècle.

Âge d'or
VIe siècle.

Comment y aller
Accessible uniquement par voie fluviale, ferry à Trory Point à quelques kilomètres d'Enniskillen.

Jadis l'une des destinations les plus importantes d'Irlande du Nord, Devenish Island (l'« île aux Bœufs », en irlandais) offre l'un des sites monastiques les plus beaux qu'il soit.

Fondé au VIe siècle par saint Molaise, père spirituel de saint Columb (le saint Columcille du Donegal), sur un chemin de pèlerinage vers Croagh Patrick, le monastère est victime des raids vikings au IXe siècle, puis brûlé en 1157. Véritable centre d'érudition, il connaît cependant une nouvelle période faste et demeure en activité jusqu'au XVIe siècle. Aujourd'hui classé Monument historique, c'est un lieu prisé des fervents chrétiens.

La tour ronde, mesurant près de 30 m de haut, date quant à elle du XIIe siècle. Ses ouvertures sur les quatre points cardinaux permettaient à l'époque de surveiller la venue des attaquants, mais aussi de stocker des vivres (et des livres) en cas d'attaque. Des échelles permettent aux visiteurs les plus intrépides de grimper au sommet afin d'admirer une vue imprenable sur le lac.

Après la tour ronde, les vestiges de Saint Mary's, un prieuré augustinien datant de 1449, conservent un remarquable portail nord avec d'intéressantes sculptures. L'un des chefs-d'œuvre de l'ensemble est la croix en pierre de style gothique datant du XVe siècle dans le cimetière.

PAS DE SERPENTS EN IRLANDE, JUSTE DES LÉZARDS

Saint Patrick, attaqué par des serpents un jour qu'il marchait sur le mont Croagh, s'en débarrassa en les rejetant à la mer d'un coup de bâton énergique. Voilà ce que dit la légende. Les basses températures et l'ensoleillement relatif sont deux explications plus scientifiques. Les randonneurs croiseront juste une espèce locale de lézard.

Italie

Basilique Saint-Pierre de Rome

La plus grande basilique chrétienne en Europe

Type
Basilique

Situation
Le Vatican à Rome

Religion, civilisation
Catholicisme

Quelques chiffres
Superficie de 23 000 m^2, 45 autels, 11 chapelles, hauteur du baldaquin du maître-autel : 30 m (l'équivalent d'un immeuble de 10 étages).

Âge d'or
Construction au XVIe siècle.

À ne pas manquer
Le pape apparaît à la fenêtre de la bibliothèque papale le dimanche midi pendant 20 mn.

Comment y aller
En plein centre de Rome. À pied, en bus ou en métro (ligne A station Ottaviano San Pietro).

Cœur de la chrétienté, Saint-Pierre de Rome aux dimensions gigantesques, est située au Vatican, le plus petit État du monde.

Saint Pierre devient le premier évêque du christianisme, avant d'être martyrisé sous Néron en l'an 68. Sa dépouille repose alors au mont Vatican qui servira plus tard de fondation primitive (commandée par l'empereur Constantin) à la basilique actuelle.

Le pape Jules II lance les travaux de rénovation-reconstruction de la basilique en 1506 sous la direction de l'architecte Bramante. Dès lors, plusieurs artistes se succèdent, dont Michel-Ange. Celui-ci meurt avant la fin du projet, mais il insufflera l'allure générale de l'imposant édifice. Les architectes Giacomo Della Porta, Domenico Fontana et Carlo Maderno optent pour un plan en forme de croix latine, rappelant la croix de Jésus. On doit le travail de décoration à l'artiste Le Bernin. La basilique est achevée en 1626.

L'intérieur est richement décoré avec plus de 4 000 variétés de marbre. On découvre aussi les objets précieux, les monuments funéraires et le disque de porphyre sur lequel Charlemagne a été couronné empereur. La chaire et le baldaquin du Bernin de 30 m de haut sont impressionnants, tout commme la majestueuse statue en bronze de saint Pierre sculptée par Arnolfo Di Cambio (XIIIe siècle), au pied vénéré et usé par les baisers des millions de pèlerins. Enfin, la magnifique *Pietà* réalisée par Michel-Ange à 25 ans est de toute beauté.

CLAVES REGNI CAELORVM ✠ TV ES PETRVS ET SVPER HA
DILIGO TE
NC VNA FIDES
MVNDO REFVLG
O PETRE

DÉSHABILLER PIERRE POUR HABILLER PAUL

L'expression vient du fait qu'à Rome on avait l'habitude de récupérer les matériaux issus des ruines de l'Antiquité pour édifier de nouveaux monuments. Pour la basilique Saint-Pierre, on utilisa les marbres des thermes de Caracalla, les bronzes du Panthéon ou encore les briques du Colisée et des forums… Ainsi, les Romains prirent-ils l'habitude de dire « *spogliare Pietro per vestire Paolo* » !

La place Saint-Pierre est tout aussi grandiose. Cette place elliptique, éminemment célèbre pour ses rendez-vous religieux et papaux, est admirable pour ses proportions un rien démesurées… et pourtant si justement adaptées à l'immense basilique qui la borde. Et les deux volées de portiques, en forme de bras accueillants qui entourent la place, semblent en être le vestibule. Pas moins de 284 colonnes massives sur 4 rangs supportent le toit de ces portiques surmontés d'une foultitude de statues (140 en tout !).

Entre l'obélisque antique (qui ornait le cirque de Néron) et chacune des fontaines, un disque sur la chaussée marque le point d'où vous ne verrez autour de vous qu'un seul rang de colonnes au lieu de quatre. Inutile d'être devin pour reconnaître la patte du Bernin dans ce chef-d'œuvre d'harmonie ! Le plus incroyable est que, malgré ses proportions gigantesques, la place était conçue pour être découverte « par hasard », en débouchant des ruelles alentour, selon un procédé en vogue dans l'architecture baroque.

À quelques pas, ne pas manquer la visite de la chapelle Sixtine, située dans les musées du Vatican, l'un des plus grands chefs-d'œuvre de l'art occidental. Le plafond et le grand mur de l'autel ont été peints par Michel-Ange mettant en scène des épisodes de l'Ancien et du Nouveau Testament et le Jugement dernier. Les murs latéraux retracent la vie de Moïse et celle de la vie du Christ par d'artistes illustres : Le Pérugin, Pinturicchio, Botticelli, Ghirlandaio et Signorelli.

• EXPÉRIENCE ROUTARD •

La coupole, haute de 137 m et d'un diamètre de 41,47 m, a été dessinée par Michel-Ange et sa construction achevée par Giacomo Della Porta et Domenico Fontana. Elle est accessible à droite du parvis de la basilique. Pour y monter, prendre l'ascenseur. De là, vue plongeante très impressionnante sur l'intérieur de l'église. Et pour accéder au sommet de la coupole, grimper 320 marches supplémentaires. De la terrasse, vue sur toute la ville et les jardins du Vatican… Magique !

45° 24' 05'' N, 11° 52' 48'' E

Italie

Basilique Saint-Antoine de Padoue

La Basilica del Santo

Type
Basilique

Situation
Vénétie (nord-est de l'Italie)

Religion, civilisation
Catholicisme

Quelques chiffres
115 m de long sur 55 m de large et 38,5 m de haut. 8 coupoles, 2 clochers de 68 m, 2 clochers-minarets, 6 chapelles et 4 cloîtres.

Âge d'or
Construction entre 1238 et 1310.

Comment y aller
Trains directs depuis Venise, Milan, Turin, Rome et Bologne.

Padoue est une ville de pèlerinage, religieux ou profane. On vient ici pour allumer un cierge à saint Antoine de Padoue ou s'émouvoir devant les sublimes fresques de Giotto qui ornent la chapelle des Scrovegni.

Antoine, originaire de Lisbonne et ami de saint François d'Assise, devint à son tour franciscain. Il prêcha en Sicile, en France et à Padoue, où il mourut le 13 juin 1231.

Cette bâtisse colossale fut construite au XIIIe siècle pour recevoir la dépouille du saint, après sa canonisation en 1232. L'architecture de la basilique surprend un peu par son côté hétéroclite. Si la façade est de style roman, les 8 coupoles sont byzantines, tandis que la tour centrale et les clochers sont gothiques. L'intérieur, gothique lui aussi, est particulièrement vaste.

Dans une chapelle est exposé le tombeau de saint Antoine que les pèlerins touchent avec ferveur. Ne pas manquer d'admirer également les bronzes de Donatello ornant le maître-autel : ils constituent les toutes premières œuvres de la Renaissance en Vénétie.

À quelques pas, la chapelle des Scrovegni compte parmi les autres joyaux de la ville avec ses sublimes fresques achevées en 1305 par Giotto. Cette œuvre a eu une influence considérable sur les artistes européens.

LANGUE DIVINE

Pour la petite histoire, lors du transfert de son corps, on découvrit que la langue de saint Antoine avait gardé sa souplesse, signe qu'il était toujours le témoin de la Vérité divine. Selon la tradition populaire, saint Antoine de Padoue fait retrouver tout ce qu'on perd, du dentier jusqu'à l'être aimé, y compris la foi…

Assise (Italie)

Basilique Saint-François d'Assise

La maison mère de l'ordre franciscain

Type
Basilique

Situation
Ombrie (centre de l'Italie)

Religion, civilisation
Catholicisme

Quelques chiffres
1206, création des ordres franciscains. 1212, fondation de l'ordre des Clarisses.

Âge d'or
XIIIe siècle.

Comment y aller
Située dans le centre historique d'Assise. À pied ou en bus.

Assise est la deuxième ville de pèlerinage la plus visitée d'Italie (après Rome). C'est le premier lieu de culte dédié à saint François d'Assise (1181-1226). C'est aussi le berceau de sainte Claire (1194-1253).

Saint François, fondateur de l'ordre des Frères mineurs en 1206, a donné son nom à la basilique éponyme. Édifiée en 1228, elle est composée de deux églises superposées, construites en pierre blanche et rose du Subasio.

L'église inférieure (1228-1230) est sombre mais la nef principale est un éblouissement ! Les fresques de Simone Martini, l'un des premiers artistes à introduire la perspective, racontent la vie de Jésus et de saint François. Au-dessus du maître-autel, les *quattro Vele*, attribuées à Giotto, sont des allégories des vertus franciscaines : la Chasteté, la Pauvreté, l'Obéissance et la gloire de saint François. On retiendra l'œuvre majeure de Cimabue sur le mur du transept avec une Vierge en majesté entourée de quatre anges et de saint François debout.

Dans la crypte en forme de croix, le tombeau de saint François est une simple urne de pierre. Mort le 3 octobre 1226, il fut enterré en 1230 dans cette crypte. Longtemps oubliée, cette dernière est redécouverte en 1818. On peut également se recueillir sur les reliques du saint : sa robe de bure, ses sandales et la peau de chamois qui recouvrait sa blessure ensanglantée par les stigmates.

Après les ténèbres de l'église inférieure, l'église supérieure (1230-1253) est « la plus belle maison de prière du monde ». Sous son clocher roman et derrière la belle rosace de sa façade gothique, elle est resplendissante de lumière et richement décorée. En effet, se nichent à l'intérieur, les fresques attribuées traditionnellement à Giotto retranscrivant la vie de saint François en 28 scènes, dont *François parlant aux oiseaux* et le *Miracle de la source*, chefs-d'œuvre qui marquèrent les artistes de la Renaissance. Le 2d cycle des fresques (au-dessus de ces 28 scènes) illustre des récits bibliques des origines du monde. Enfin, dans le transept gauche, on peut admirer les très belles fresques de Cimabue…

VERSION FÉMININE LA BASILICA SANTA CHIARA

Claire d'Assise quitta très jeune sa riche famille pour rejoindre l'idéal de pauvreté de saint François. Elle passa sa vie dans la solitude, la prière et la pénitence. La sobre façade à rosace de la basilique fut réalisée sur celle de Saint-François. À l'intérieur, quelques fresques de l'école de Giotto représentant la vie de sainte Claire, ainsi que le crucifix de saint François, devant lequel il priait en 1205, lorsque Dieu s'adressa à lui, lui demandant de réparer son église.

• EXPÉRIENCE ROUTARD •

Le « sentier franciscain de la Paix » retrace le chemin de saint François en 1206 lorsqu'il adopta une vie austère. Le tracé dévoile un magnifique paysage de collines et de bois ; c'est aussi un paysage spirituel. Écologiste avant l'heure, le saint aimait la nature. Il parlait aux oiseaux et s'adressait aux arbres comme à ses frères. Cet itinéraire se fait à pied, à vélo ou même à cheval. Il traverse l'Ombrie de Citerna au nord à Piediluco au sud.

Italie

Ravenne

La ville de la mosaïque

Type
basilique paléo-chrétienne, mausolée, baptistère

Situation
Émilie-Romagne (nord-est de l'Italie)

Religion, civilisation
Catholicisme

Quelques chiffres
8 monuments inscrits au Patrimoine mondial de l'Unesco.

Âge d'or
Période antique.

Comment y aller
En train, liaisons directes depuis Bologne, Ferrare ou Milan (compter 1h-1h30).

Ravenne livre un patrimoine artistique incomparable où se marient influences antiques et orientales : ses somptueuses mosaïques sont les plus belles d'Italie.

Plusieurs fois capitale au cours de son histoire, Ravenne a connu plusieurs périodes fastes, notamment dans l'Antiquité. À cette époque sont érigées ces formidables basiliques quasiment intactes.

Elles sont façonnées par trois sortes de mosaïques : les mosaïques romaines, aux personnages en mouvement et aux paysages colorés ; les mosaïques byzantines, reconnaissables à leur fond doré (symbolisant la lumière divine) et, enfin, les mosaïques ariennes, qui constituent plus qu'une parenthèse entre les romaines et les byzantines, mais bien une transition historique.

Parmi les huit monuments inscrits au Patrimoine mondial de l'Unesco de la ville figure la basilique Saint-Vital, un pur chef d'œuvre d'art byzantin du VIe siècle. Son originalité réside dans sa forme octogonale mais son véritable trésor demeure encore ses magnifiques mosaïques qui ont conservé leur grande fraîcheur de tons.

Les mosaïques du mausolée de Galla Placidia sont un véritable petit bijou. Certainement les plus belles et les plus anciennes de Ravenne.

DANTE, LE PÈRE DE LA LANGUE ITALIENNE

Ce Toscan est célèbre pour son chef-d'œuvre *La Divine Comédie*. Grâce à lui, la langue toscane est devenue la base de l'italien moderne. Florentin de naissance, condamné à l'exil pour fraude, il est mort à Ravenne en 1321. Après avoir réclamé pendant de longues années (en vain) la dépouille de l'écrivain et sans doute pour se faire pardonner de l'avoir autrefois exilé, c'est sa ville natale, Florence, qui fournit depuis lors l'huile alimentant la lampe qui veille jour et nuit sur son tombeau…

Ce mausolée, réalisé autour de 425 pour recevoir la sépulture de la demi-sœur de l'empereur romain Honorius, présente un véritable contraste entre la modestie de l'architecture extérieure et la richesse de la décoration intérieure. Pas moins de cinq autres édifices rivalisent de magnificence et de beauté, comme le mausolée de Théodoric, le baptistère Néonien présentant une magnifique coupole de mosaïques polychromes, le baptistère des Ariens, sans oublier la basilique de Saint-Apollinaire-le-Neuf, tandis que le saint patron de la ville, représenté au milieu d'un paysage champêtre de mosaïques, est glorifié dans la basilique de Saint-Apollinaire-in-Classe, à 6 km au sud de la ville. Ravenne n'a pas usurpé, grâce à ces mosaïques précieuses et uniques, le titre de « Ville de la mosaïque ».

• EXPÉRIENCE ROUTARD •

À une soixantaine de kilomètres au nord de Ravenne, le site du delta du Pô fait le bonheur des oiseaux échassiers et des amoureux de la nature. 150 espèces vivent ou transitent par ici : flamants roses, hérons, cigognes… sans oublier les spécialités gastronomiques : les vongole à Goro, le sel marin à Cervia ou l'anguille à Comacchio. La lagune, unique et envoûtante, offre de belles balades à pied, à vélo, en bateau ou à cheval. Souvent brumeuse, la lumière y est incroyable, miroitante et fugace. Les photographes sont comblés eux aussi…

SCS VITALIS
ECLESIVS EPIS

Palerme (Sicile, Italie)

Monreale

La fusion des cultures d'Orient et d'Occident

Type
Cathédrale à l'architecture arabo-normande

Situation
Sicile

Religion, civilisation
Catholicisme

Quelques chiffres
6340 m² de mosaïques et le célèbre Christ pantocrator, la plus grande icône byzantine du monde.

Âge d'or
XIIe siècle.

Comment y aller
À 7 km au sud-ouest de Palerme. Navettes en bus du centre de Palerme ou voiture (parking).

La cathédrale de Monreale est l'apogée du style arabo-normand aux mosaïques byzantines grandioses et au magnifique cloître aux arcades d'inspiration musulmane.

Quand les Arabes ont entrepris la conquête de la Sicile par l'ouest, c'est tout naturellement à Palerme qu'ils installèrent leur émirat en 831 : palais, jardins et mosquées y fleurirent rapidement, faisant de la ville l'une des plus fastueuses du pourtour méditerranéen. Plus tard, l'arrivée des Normands en 1060 a marqué la ville. Ce fut l'une des périodes les plus prospères de son histoire.

C'est le roi Guillaume II qui, en 1172, fonde la cathédrale de Monreale portant ainsi au pinacle l'art arabo-normand. Dédiée à la Vierge Marie, elle associe avec bonheur les styles qui se sont succédé en Sicile (architectures normande, romane, gothique, mauresque et byzantine). Tours massives de l'art normand, superbes portes en bronze du portail central recouvertes de 42 panneaux figurant des scènes de l'Ancien et du Nouveau Testament, sans compter à l'intérieur les labyrinthiques muqarnas (caissons en stalactites) typiques de l'architecture islamique. Sans oublier la chapelle Roano, un chef-d'œuvre du baroque jésuite totalement délirant, évoquant un monde d'oiseaux, de monstres et de chérubins.

La visite du trésor, exposé dans l'abside de gauche sur trois étages, est un véritable feu d'artifice d'objets liturgiques plus ou moins influencés par la tradition byzantine. En outre, il contient trois tombeaux de marbre et un autel renfermant les entrailles de Saint Louis, mort de la peste à Tunis.

TOLÉRANCE ARTISTIQUE

La chapelle palatine a largement inspiré la cathédrale de Monreale. Édifiée en 1132, dans le palais royal à Palerme, actuel siège du Parlement sicilien, elle est la première à incarner le sommet incontesté de l'art arabo-normand et la tolérance religieuse sous Roger II. Époustouflantes mosaïques byzantines, arcs romans, Christ pantocrator, muquarnas. Quand le mélange des cultures touche au sublime…

Mais le point d'orgue de Monreale, ce sont ses mosaïques sur fond or. Typiques de l'école de Venise et recouvrant une surface gigantesque (6 340 m²), elles illustrent des épisodes de l'Ancien Testament. Quant au Christ pantocrator (Christ en majesté), c'est la plus grande icône byzantine du monde : 7 m entre les mains, visage de presque 4 m de haut ! On a vu grand.

Jouxtant la cathédrale, le cloître des Bénédictins, est un merveilleux festival d'arcades et de doubles colonnettes dites « géminées ». Les arts roman et arabe sont ici unis dans la plus parfaite harmonie avec une incroyable variété pour les scènes des chapiteaux. Une colonne sur deux est ornée de mosaïques aux différentes formes géométriques et aux tesselles or, noir et rouge, symbolisant les éléments naturels (l'eau, le feu, l'air et la terre). Un lieu de toute beauté…

• EXPÉRIENCE ROUTARD •

Dans l'un des angles du cloître se trouve une fontaine dont la légende veut que celles et ceux qui s'y lavent les mains rajeunissent de 10 ans ! Tentez ! Lauriers verdoyants et fleurs complètent l'enchantement du lieu qui n'est pas sans évoquer le jardin parfait du monde musulman avec les quatre arbres symboles : le figuier, le grenadier, le palmier et l'olivier.

Venise (Italie)

Basilique Saint-Marc

L'église d'or

Type
Basilique

Situation
Vénétie (nord-est de l'Italie)

Religion, civilisation
Christianisme

Quelques chiffres
La plus grande surface au monde de mosaïques : 8 600 m²

Âge d'or
XIIe siècle.

Comment y aller
À pied ou en vaporetto.

Joyau de la ville, la basilique est un mélange majestueux d'influences occidentales et orientales, édifiée sur la prestigieuse piazza San Marco.

La basilique Saint-Marc est érigée au XIe siècle après l'incendie d'un premier bâtiment en bois, construit en forme de croix grecque au IXe siècle, pour abriter les reliques de saint Marc. En brique à l'origine, il s'est enrichi au fil des siècles pour devenir un des plus beaux mélanges de styles au monde (byzantin, gothique, Renaissance...). La basilique est aussi un formidable outil politique, sa richesse démontre la puissance de la ville. D'ailleurs, les mosaïques de la façade retracent l'arrivée à Venise du corps de saint Marc (qui repose aujourd'hui sous le maitre-autel).

L'intérieur est extraordinaire avec ses 8 600 m² de mosaïques qui retracent des épisodes de l'Ancien Testament, du Nouveau Testament ainsi que l'histoire de la vie des saints. Les visiteurs retiendront aussi le retable d'Or (la *pala d'Oro*), extraordinaire ouvrage en or massif et aux dimensions impressionnantes (3,45 m sur 1,40 m) et incrusté de centaines de pierres précieuses représentant la vie de Jésus et de saint Marc. Les amateurs d'orfèvrerie religieuse ne manqueront pas non plus la visite du trésor aux reliques étonnantes (comme le pouce de Saint-Marc)...

L'ART DE LA DÉROBADE

En l'an 828, deux marchands vénitiens envoyés en mission par le doge à Alexandrie, en Égypte, dérobèrent le corps momifié de saint Marc, objet d'une très grande vénération. Pour le soustraire à la vigilance des gardiens, la dépouille a été couverte de porc salé ! Les musulmans laissèrent filer la vénérable momie sans oser manipuler la viande impure.

La basilique Saint-Marc, c'est le cœur de Venise qui bat sur la piazza San Marco depuis des siècles. L'arpenter, c'est prendre le pouls de la Sérénissime. Un ensemble architectural unique au monde ! Ici splendeur, richesse, noblesse et force de Venise ont dessiné à tout jamais la mémoire et la personnalité de la cité. Le quartier de San Marco et ses monuments ont traversé les siècles avec une endurance qui tient du miracle, malgré les turpitudes et les avanies de l'Histoire. C'est peut-être cette continuité historique du cœur de Venise qu'il faut admirer en premier lieu : cette continuité historique du cœur de Venise. C'est aussi le théâtre permanent de toute la vie publique. Il faut y venir tôt le matin ou le soir, pour en apprécier toute la majesté.

• EXPÉRIENCE ROUTARD •

Le campanile (accès par ascenseur) dont la première construction remonte au IXe siècle, a pris sa forme actuelle au XVIe siècle. Galilée y présenta sa lunette astronomique en 1609. Haut de 98 m, l'ensemble fut entièrement reconstitué en l'état après son effondrement sur lui-même en 1902.

Au sommet, splendide panorama sur les îles environnantes. Et au pied, sur le côté droit, on remarque le système qui mesure le niveau de la marée. Quand le voyant rouge s'allume, l'alerte est donnée. Attention à l'acqua alta ! Chacun doit alors prendre ses dispositions !

NEC VTRINQ FIGVRAS
SCS MARC

Italie

Mont sacré de Varallo

La « Nouvelle Jérusalem »

Type
Chapelles, mont sacré

Situation
Piémont (nord-ouest de l'Italie)

Religion, civilisation
Catholicisme

Quelques chiffres
45 chapelles et 800 statues.

Âge d'or
XVe siècle.

Comment y aller
En bus ou en train depuis Vercelli, Turin, Milan, Gênes et Florence. Accès facilité en voiture.

Le mont sacré de Varallo, abritant 45 chapelles et une basilique, est le plus riche et le plus important des neuf monts sacrés du Piémont et de Lombardie.

Perché à 600 m d'altitude, le Sacro Monte de Varallo fut rêvé et conçu au XVe siècle, par un moine franciscain, Bernardino Caìmi, qui, pétri de ferveur au retour d'un pèlerinage à Jérusalem, voulut réaliser une œuvre illustrant la vie de Jésus et rappelant les Lieux saints de Palestine (Nazareth, Bethléem et Jérusalem). Son vœu : permettre aux fidèles qui ne pouvaient s'y rendre de ressentir les mêmes émotions que lui.

Le Sacro Monte est né : 45 chapelles et une basilique, disséminées dans un magnifique parc boisé de 22 ha. Elles retracent dans l'ordre chronologique les étapes de la vie du Christ. C'est Gaudenzio Ferrari, artiste reconnu dans toute l'Italie qui inventa le concept de ces chapelles, illustrées par des statues et des fresques.

Lors d'une visite en 1578, l'évêque de Milan, Carlo Borromeo, baptisa le lieu « la Nouvelle Jérusalem » et décida de développer davantage l'endroit pour fidéliser ses ouailles face à la montée des hérésies. L'avènement de la Contre-Réforme fut à l'origine de l'enrichissement des scènes, du goût du foisonnement et des couleurs. Pendant un siècle et demi, d'autres artistes ont contribué également au succès du site. Le style des chapelles évolue : modestes au début, elles sont d'une richesse spectaculaire à la fin du XVIIe siècle (abondance de couleurs, de personnages et accentuation du caractère dramatique des scènes). C'est l'effet par ricochet de la Contre-Réforme où l'on sent poindre le baroque...

Varallo lance alors la mode des Monts sacrés et beaucoup de villages du Piémont et Lombardie l'imitent comme à Serralunga di Crea, Orta San Giulio, Oropa, Ghiffa, Domodossola, Valperga Canavese, sans oublier Ossuccio et Varese, tous classés au Patrimoine mondial de l'Unesco depuis 2003.

DES STATUES PLUS VRAIES QUE NATURE

Dans les chapelles sont représentés les principaux épisodes de la vie du Christ. Les statues des personnages mis en scène (plus de 800 en tout) sont en bois, en toile enduite de plâtre, ou en terre cuite, grandeur nature et particulièrement réaliste par les physionomies et les expressions. Leurs cheveux et barbes sont confectionnés en crin de cheval ou en vrais cheveux que certaines femmes de la vallée ont souhaité offrir au Sacro Monte.

Varallo, haut lieu de spiritualité, demeure le plus riche de tous en œuvres d'art, et aussi le plus important sur le plan religieux. Une visite incontournable, d'autant que Varallo se trouve au cœur de la Valsesia, une très belle vallée montagneuse tournée vers la nature mais aussi pétrie de traditions et de culture.

À 35 km à l'est de Varallo, le sacro Monte d'Orta, situé sur l'adorable lac d'Orta, est aussi inscrit au Patrimoine mondial de l'Unesco. Il raconte la vie de saint François d'Assise à travers 20 chapelles décorées de fresques colorées, et peuplées de surprenantes statues en terre cuite grandeur nature. Il jouit d'une superbe vue sur le lac.

• EXPÉRIENCE ROUTARD •

Situé à 40 km à l'ouest de Varallo, le lac d'Orta est l'un des plus beaux lacs italiens (et aussi le plus petit) avec son adorale village de San Giulio d'Orta, un vrai petit bijou, et la charmante petite île qui lui fait face où se situe le Sacro Monte d'Orta, dédié à saint François d'Assise. Les randonneurs s'en donneront à cœur joie dans les réserves naturelles de Monte Cesna où les sentiers grimpent haut pour découvrir une belle vue sur le lac.

Pologne

Lublin

La Jérusalem de Pologne

Type
Ville de tradition musicale

Situation
Lubelskie (voïvodie de Lublin)

Religion, civilisation
Judaïsme

Quelques chiffres
147,5 km² de superficie. Lublin devient une ville en 1317. La communauté juive représente 30% de la population en 1931. C'est la 9ᵉ ville la plus importante de Pologne.

Âge d'or
Du XIXᵉ au XXᵉ siècle.

Comment y aller
En voiture depuis Varsovie (2h) ou Kazimierz Dolny (1h) ; en train depuis Varsovie (env 3h30) ou Zamość (env 2h15) ; en bus depuis Zamość (env 1h30), Varsovie (3h-3h30) ou Kazimierz Dolny (env 1h15).

Autrefois centre de la communauté juive, la ville de Lublin réunit histoire marquante et charme d'une splendeur passée.

Au XVIᵉ siècle, la ville comptait la troisième communauté juive du pays, après Cracovie et Lvov (à présent en Ukraine). Surnommée la « Jérusalem de Pologne », elle fut longtemps un centre réputé de la culture yiddish en Europe.

Au XIXᵉ siècle, les Juifs s'installent dans l'ensemble de la vieille ville, et avec eux un pan important de la vie culturelle et historique. Les nazis ont tout détruit des 36 synagogues, du théâtre et même du cimetière « nouveau » qui abrite désormais un mémorial aux victimes de la Shoah. Le vieux cimetière a préservé, lui, de vieilles tombes du XVIᵉ au XIXᵉ siècle. Sur 42 830 Juifs en 1939, une vingtaine seulement vit aujourd'hui à Lublin.

Les rues de l'ancien quartier juif semblent aujourd'hui laissées à l'abandon. Il y flotte un vague souvenir de musique *klezmer*. Une tradition musicale des ashkénazes née au XVᵉ siècle en Europe de l'Est, sans qu'on en sache l'origine précise, agrémentée au XVIᵉ siècle de chants en yiddish (mélange d'allemand, d'hébreu et de slave). Ses interprètes, les *klezmorims*, des troubadours juifs errants, évoquaient leurs voyages et la vie de la communauté juive. Une musique tout à la fois joyeuse et mélancolique.

PLUTÔT MOURIR EN COMBATTANT

À l'est de Lublin, les conditions de vie dans le camp d'extermination de Sobibor étaient particulièrement effrayantes. En octobre 1943, un commando de déportés, conduits par un officier russe prisonnier, réussit à égorger une douzaine de SS à l'aide de cuillères aiguisées. Environ 300 juifs prirent la fuite, beaucoup périrent dans les champs de mines autour du camp. Au total, 47 détenus voués à la mort sauvèrent leur peau. L'une des rares évasions réussies des camps.

Portugal

Braga

La Rome portugaise

Type
Cité celtique et romaine, monuments religieux

Situation
District de Braga (nord du Portugal)

Religion, civilisation
Catholicisme

Quelques chiffres
Fondée en -16 av. J.-C., capitale européenne de la jeunesse 2012 et capitale ibéro-américaine de la jeunesse 2016, la ville compte environ 100 monuments baroques.

Âge d'or
Antiquité.

À ne pas manquer
La Semaine sainte de Braga ; le festival Braga Romana (fin mai-début juin).

Comment y aller
En avion, en train, en autocar ou en voiture depuis Porto (50 km), Lisbonne (350 km) ou Vigo (125 km).

Troisième plus grand centre urbain (après Lisbonne et Porto), Braga est une ville somptueuse à l'histoire et au patrimoine religieux très riche.

Fondée en -16 av. J.-C. et souvent surnommée « cité des archevêques » ou encore « Rome portugaise », Braga regorge d'édifices religieux : églises, couvents, chapelles... de quoi apporter un caractère sacré et charmant à la ville.

Mettant le style baroque des XVIe et XVIIIe siècles à l'honneur, la cité abrite notamment la cathédrale la plus ancienne du pays, *Sé de Braga* (en portugais), à l'époque grande rivale de Saint-Jacques-de-Compostelle.

Construite au XIIe siècle, par l'évêque Pedro de Braga, la cathédrale, qui domine le centre-ville historique, est classée Monument national depuis 1910. C'est le siège de l'archidiocèse de Braga et du primat archevêque du Portugal et d'Espagne.

À l'intérieur se trouve notamment le buffet d'orgue le plus monumental du monde ! On est loin de la sobriété romane. La jolie vierge gothique du maître-autel, les peintures sur bois des tribunes et les fonts baptismaux dans leurs nids d'azulejos éblouissent le visiteur. Sont également exposés les « trésors » de la cathédrale au sein d'un petit musée qui permet de découvrir des pièces emblématiques liées à l'histoire du monument.

En plus d'être l'un des joyaux du patrimoine culturel, Braga offre une richesse de paysages, de lieux secrets et invite à la découverte.

LA MORT ABSURDE D'UN PAPE PORTUGAIS

Élu au trône de Saint-Pierre le 13 septembre 1276, Jean XXI est le seul pape portugais de l'Histoire ! Né sous le nom civil de Pedro Julião, il ne porta pas le bon nom papal, car il n'y a jamais eu de Jean XX ! Passionné de chirurgie et d'ophtalmologie, il installa un cabinet médical dans le palais des Papes de Viterbe (au nord de Rome). Le 20 mai 1277, le plancher du local s'effondra sous le poids des livres et du matériel scientifique que sa Sainteté avait entassés. Six mois après son élection, Jean XXI meurt victime de son pesant savoir…

République tchèque

Vieux cimetière juif de Prague

Sur les traces de la mémoire juive

Type
Cimetière

Situation
Europe centrale, dans la capitale tchèque

Religion, civilisation
Judaïsme

Quelques chiffres
Fondé au XVe siècle, il abrite 12 000 pierres tombales et 100 000 corps enterrés. Il n'est plus en activité depuis 1787.

Âge d'or
Du XVe au XVIIIe siècle.

Comment y aller
Le cimetière se trouve dans Josefov, la ville juive, au centre de Prague. Accessible en bus, en métro ou à pied.

Au lever du jour, lorsque seuls quelques rayons de lumière frappent cette forêt lapidaire et font surgir les pierres une à une de la pénombre, la vue du cimetière est saisissante.

C'est au cœur de l'ancien quartier juif de la vieille ville, Josefov, que se situe le plus ancien cimetière juif d'Europe. Fondé au début du XVe siècle, il ferme en 1787 sur ordre de l'empereur Joseph II, qui ne souhaite plus que les morts soient enterrés dans les quartiers d'habitation, pour des raisons sanitaires.

Au milieu des 12 000 stèles funéraires et des arbres qui filtrent la lumière, dans un désordre inouï, reposent les quelque 100 000 corps enterrés de juifs, célèbres ou inconnus. Parmi eux : le rabbin David Oppenhein (1736), Mordechai Maïsel (1601), primat du ghetto et banquier de l'empereur Rodolphe II, Rabbi Loew (1609), l'inventeur du Golem, ou encore l'astronome et écrivain David Gans (1613). La légende raconte que le Golem, héros atypique fait d'argile, aurait été créé afin de garantir la sécurité de la communauté juive de Prague, à l'époque victime d'attaques antisémites (déjà !).

Les buttes qui parsèment le terrain révèlent la hauteur des 5 à 12 couches de sépultures qui se sont empilées durant trois siècles. La religion juive interdisant de toucher les tombes, on se contentait alors de remettre de la terre sur les plus anciennes pour ensevelir d'autres dépouilles par-dessus. Une atmosphère assez particulière, accentuée par le cri des oiseaux qui ont élu domicile ici, se fait ressentir en ces lieux.

LA MÉMOIRE D'UN PEUPLE

Le vieux cimetière juif de Prague est riche d'une mémoire multiséculaire grâce aux inscriptions qui figurent en hébreu sur les sépultures. Sur certaines apparaissent la profession du mort, des louanges à son sujet, ou encore ses traits de caractère. Les premières tombes frappent par leur simplicité. La plus ancienne, celle du savant Avigdor Kara, date du 1439. Celle du rabbin Avigdor Jehuda Löw ben Bezadel, mathématicien et astronome, est une belle sépulture Renaissance surmontée d'une grosse pomme de pin.

Moldavie (Roumanie)

Monastères de Bucovine

Les splendeurs de Roumanie

Type
Monastère

Situation
Nord-ouest de la Moldavie en Roumanie

Religion, civilisation
Monachisme orthodoxe

Quelques chiffres
La Bucovine compte plusieurs dizaines de monastères dont 7 classés au Patrimoine mondial de l'Unesco.

Âge d'or
Du XIVe au XVe siècle.

Comment y aller
Nombreuses liaisons en train et en bus avec les principales villes roumaines. La voiture reste une valeur sûre.

Un ensemble unique au monde de monastères aux murs extérieurs couverts de fresques peintes et d'intérieurs richement décorés.

Avant l'avènement des grands monastères, la Moldavie était peuplée de petits ermitages, perdus dans les forêts. Les premiers monastères sont apparus au XIVe siècle et avec eux le monachisme orthodoxe, une organisation très souple et très ouverte qui repose sur la paix, le silence et la quiétude.

Le règne d'Étienne le Grand (1457-1504) a représenté une période fertile pour la construction de ces édifices religieux. À ce moment-là s'est dessiné un style architectural moldave original : une église allongée avec une abside à laquelle sont reliées deux absides secondaires.

La forme générale du toit, très aérien et enveloppant à la fois les peintures intérieures, et surtout la fabuleuse série des fresques extérieures sont apparues sous le règne de Petru Rareş, fils d'Étienne. Ces monastères sont en effet les témoins d'une création spécifique de l'art roumain, et notamment de la peinture extérieure des églises, où les sujets religieux traditionnels sont mêlés de scènes familières ou d'allusions à des événements politiques.

Ne pas manquer lors de pérégrinations moldaves les monastères de Suceviţa (considéré comme le « testament de l'art moldave »), Moldoviţa, Humor, Arbore, Pătrăuţi, Putna et Solca. On retiendra surtout celui de Voronet, qui réunit tous les superlatifs et qu'on surnomme la chapelle Sixtine de l'Orient !

L'ORIGINE DES ŒUFS PEINTS

Selon la tradition orale chrétienne, Marie vint pleurer au pied de la croix sur laquelle son fils Jésus avait été crucifié. Elle y déposa des œufs. Le Christ perdait son sang. Quelques gouttes tombèrent sur ces œufs qui prirent la couleur rouge… Depuis lors, les moines orthodoxes et les artistes ont pris l'habitude de peindre les œufs, pas seulement pour la fête de la Pâque, mais toute l'année. Les Houtsoules, slavophones de Bucovine, les peignent depuis le XVIIIe siècle. Ils les décoraient pleins… et les mangeaient à Pâques !

Mais la Bucovine, à la fois bucolique et divine, ne se limite pas seulement à ses monastères, ni à ses églises. Si, en général, la Roumanie rurale est un monde passionnant, en Bucovine, il a atteint un haut niveau de civilisation : c'est dans les villages que vous rencontrerez cet enchantement et une culture profonde. Elle est probablement la plus riche et la plus intéressante. Elle offre aux visiteurs une foule de petits détails savoureux, la découverte de marchés traditionnels, un accueil humain et de belles possibilités de balades à pied.

• EXPÉRIENCE ROUTARD •

Pour ressentir l'ambiance et la grâce qui règnent autour de ces monastères, le mieux est de les rallier à pied, avec des étapes chez l'habitant ou mieux encore dans certains de ces monastères qui proposent le gîte et le couvert. L'idéal est d'y consacrer 3 ou 4 jours. Des séjours de randonnée sont proposés dans des agences locales et françaises.

Moscou (Russie)

Monastère de Novodiévitchi et son cimetière

Une oasis de tranquillité et de méditation

Type
Monastère

Situation
Moscou

Religion, civilisation
Orthodoxie russe

Quelques chiffres
Fondé en 1524, il abrite 4 églises et une cathédrale sur 5,4 ha et le cimetière s'étend sur 7,5 ha avec 27000 tombes.

Âge d'or
Du XVIe au XVIIIe siècle.

Comment y aller
Prendre la ligne de métro 1 rouge et descendre à Sportivnaya, puis marcher 5 mn.

L'un des plus beaux complexes religieux de Russie oscillant entre fortifications, parc bucolique et bijoux architecturaux le long de la rivière Moskova.

Cet ensemble est un incontestable témoignage de l'histoire russe allant du style moscovite à soviétique. Toutefois, la cathédrale de la Vierge-de-Smolensk mérite une attention particulière où émerveillement et fascination sont au rendez-vous face aux plus belles icônes et peintures religieuses de Moscou. L'iconostase réalisée par les artistes du palais des Armures du XVIe siècle force l'admiration.

Le cimetière, juste à côté du monastère, se révèle également une étape tant inédite qu'obligée puisqu'il est le plus célèbre de Russie où l'on peut se balader entre les tombes de Chostakovich, Tchekhov ou encre Khrouchtchev. Les mausolées apparaissent tels de véritables œuvres d'art dont certaines sont réalisées par de célèbres artistes et révèlent des messages subliminaux, des anecdotes sur la vie des politiques comme celle de Gromyko où les lignes zigzagantes évoqueraient sa politique étrangère… en dents de scie. L'« âme russe » sait se montrer farceuse.

RESCAPÉ DES FOUDRES ÉTRANGÈRES

Haut lieu de convoitise, le monastère fut pris et repris par les Polonais pendant la période des Troubles en 1612 et fut ainsi en partie brûlé par ces derniers. Deux siècles plus tard, Napoléon faillit faire de même en donnant l'ordre de faire sauter le lieu sacré avec de la poudre à canon. Ce dernier aurait été réduit à néant sans l'habileté des religieuses qui réussirent à éteindre les mèches à temps. Alléluia !

Île de Kiji (Russie)

Pogost de Kiji (église de la Transfiguration du seigneur)

Un emblème des prouesses architecturales russes aux dômes chatouillant le ciel

Type
Église

Situation
Île de Kiji, sur le lac Onega dans le nord-ouest du pays (république de Carélie)

Religion, civilisation
Orthodoxie russe

Quelques chiffres
Bâtisse à records : 37 m de hauteur, 22 bulbes en écailles et 102 icônes à l'intérieur de l'église. Elle fut classée comme musée d'État de réserve historique en 1966.

Âge d'or
XXe siècle lors de la renaissance culturelle russe.

Comment y aller
Par voie terrestre, prendre le train depuis Moscou ou Saint-Pétersbourg ; par voie maritime, en prenant l'hydroglisseur depuis la gare de Petrozavodsk.

Étape incontournable de l'orthodoxie dans la Russie nordique, l'église de la Transfiguration constitue l'une des architectures les plus folles au monde, tout en étant la seule église en bois à dômes multiples conservée en Russie.

PAS UN CLOU

La légende locale raconte qu'un maître artisan (le seul à être sur ce projet) prénommé Nestor aurait bâti sur l'île une haute église en bois sans aucun clou et avec l'aide d'une seule hache qu'il aurait ensuite jetée à l'eau. Voici la création de la fameuse église aux dômes atypiques que l'on aperçoit aujourd'hui de loin depuis les embarcations. Si la légende s'avérait vraie, l'artisan aurait eu une sacrée patience pour construire les 22 clochers !

En suivant scrupuleusement la technique ancestrale russe des églises en bois, les charpentiers auraient posé la première pièce de l'édifice le 6 juin 1714, comme l'atteste la croix située près de l'autel. À l'intérieur, la spectaculaire iconostase en bois dorés est typique XVIIe et XVIIIe siècles.

À l'extérieur, la grandiloquence du lieu frappe. Le bâtiment est structuré en fonction des rondins superposés sur quatre étages et agencés de manière octogonale pour le corps de celui-ci, surmonté de coupoles.

La partie supérieure de l'église attire irrémédiablement l'œil vers ses 22 bulbes couronnés de croix qui scintillent au gré de la lumière du jour, hivernale comme estivale.

ASIE

Rangoon / Yangon (Birmanie / Myanmar)

Pagode de Shwedagon

La pagode d'or

Type
Pagode

Situation
Sur la colline de Sanguttara, à 1,5 km au nord du centre-ville de Yangon

Religion, civilisation
Bouddhisme (branche Theravāda)

Quelques chiffres
Stûpa central de 98 m de haut, bulbe recouvert de 700 kg d'or, girouette incrustée de 2400 pierres précieuses, ombrelle de Mindon entourée de 1400 clochettes d'or et d'argent.

Âge d'or
Du XVe au XVIIe siècle.

À ne pas manquer
Le festival de Thadingyut, appelé la fête des Lumières (dépend du calendrier lunaire et change tous les ans).

Comment y aller
Accessible en taxi.

Pure merveille architecturale, d'une beauté sans pareil (surtout la nuit), la pagode la plus grandiose de Myanmar nous emporte dans l'état spirituel du nirvana.

« Cœur et âme de Rangoon, l'équivalent bouddhiste de la Kaaba à La Mecque… » selon Norman Lewis. « Gigantesque entonnoir d'or » selon Pablo Neruda. « Château fort de rêve, ensemble fantastique, extraordinaire cité de la Foi… » selon Joseph Kessel. Les superlatifs ne manquent pas pour évoquer cette pagode qui les mérite tous : la plus belle du monde, la plus impressionnante, la plus grandiose, la plus…

Shwedagon fait partie du cercle restreint des Shwe, les quatre vénérables pagodes birmanes d'or fondées à l'époque de Bouddha. Sacré depuis plus de 2500 ans, ce site est au cœur du bouddhisme birman, au cœur de la vie religieuse, sociale et politique du pays. En émane une atmosphère où recueillement et dévotion se mêlent à un esprit bon enfant.

Le stûpa est une projection symbolique de la montagne emblématique, le mont Meru, censé être le centre du monde. L'édifice se termine par une flèche effilée, comme une aiguille, laquelle est coiffée par une ombrelle ou *hti* dont la superposition indique le nombre d'étapes à franchir pour atteindre le nirvana (état spirituel supérieur). À cette ombrelle sont accrochées des centaines de pierres précieuses, colliers et bracelets.

EN CE TEMPS-LÀ

La légende veut que l'histoire de la fameuse pagode remonterait à plus de 2 500 ans, lorsque deux frères marchands seraient parvenus à obtenir huit cheveux de Bouddha Gautama (le maître fondateur du bouddhisme) en lui offrant des gâteaux de miel alors qu'il sortait d'une période de jeûne et de méditation. Ils les auraient ensuite donnés au roi Okkalpa qui fit élever un stûpa sur la colline (où se trouvaient déjà des reliques d'anciens Bouddhas) afin de conserver et d'exposer ensemble les trésors religieux.

Le gigantesque stûpa central est loin d'être seul. Des dizaines de pagodons, templions, clochetons et stûpas de toutes formes créent une forêt de récifs, de pics, d'arêtes richement décorés et ciselés qui magnétisent littéralement les regards. Rien ou presque n'a changé depuis les origines de l'édifice.

Assister au lever ou au coucher du soleil permet d'observer la pagode se débarrasser du jaune, pour se parer d'orange teinté de rose, le tout en quelques minutes seulement. Le spectacle vaut sacrément le détour.

• EXPÉRIENCE ROUTARD •

Autour de la pagode et du lac Kandawgyi, possibilité de s'envoler à bord d'une petite montgolfière gonflée à l'hélium. Pas plus de 15 personnes à bord pour apprécier la région à une centaine de mètres au-dessus du sol pendant une quizaine de minutes. Magique ! Renseignements : Mingalabar Balloon.

Birmanie / Myanmar

Bagan

L'empire des temples

Type
Temples et site archéologique

Situation
Plaine de Mandalay

Religion, civilisation
Bouddhisme

Quelques chiffres
Sur 50 km^2 (la moitié de Paris), plus de 4000 pagodes, temples et stûpas, dont reste debout 2217 édifices ou vestiges. Classé par l'Unesco en 2019.

Âge d'or
Capitale du royaume de Pagan, le premier empire birman, du XIe au XIIIe siècle.

Comment y aller
En avion, en bus ou en train, et même en bateau sur l'Irrawady.

Site magique aux 2 000 et quelques pagodes, temples et stûpas, Bagan est un lieu si remarquable, si époustouflant, que les mots manquent presque.

Si 55 rois ont régné sur la plaine de l'Irrawady, seuls les derniers ont laissé une trace tangible dans l'histoire. Après la civilisation pyu (IIIe siècle av. J.-C.) puis la civilisation môn, descendent de l'Himalaya les Birmans, aux VIIIe et IXe siècles, qui s'emparent de Bagan en 849, puis de Thaton, capitale des Môns, en 1057.

C'est au roi Anawratha (1044-1077) que l'on doit l'essor de Bagan. Il veut un écrin digne de recevoir les textes sacrés (Tripitaka, que le roi môn Manuha de Thaton avait eu l'outrecuidance de lui refuser !) et les reliques du Bouddha rapportées du Yunnan.

C'est ainsi que débute le prodigieux programme de construction de temples, pagodes et sanctuaires divers, qui s'achève à l'aube du XIIIe siècle.

Des 4 000 pagodes, temples et stûpas, 2 217, de toutes tailles et formes, tiennent encore debout : un patrimoine architectural fabuleux, un musée à ciel ouvert. À chaque détour de sentier surgissent de monumentales beautés d'or, de brique et de stuc, parées de sculptures, décorées de fresques...

QŪBILAI KHĀN VERSUS IRRAWADDY

On doit à la mansuétude de l'empereur mongol Qūbilai Khān, petit-fils de Gengis Khān et fondateur de la dynastie des Yuan, de pouvoir toujours admirer Bagan. Contre toute attente, Qūbilai Khān, une fois la ville prise en 1287, préserve Bagan, qui tombe simplement dans une léthargie totale. Seuls les tremblements de terre et, surtout, les débordements du fleuve Irrawaddy viendront ravager et détruire près d'un tiers des temples. Concurrencé aujourd'hui par les pillards de temple…

Ainsi Ānanda Temple est-il peut-être le plus beau, et le plus actif religieusement, et la pagode Shwezigon, la plus fameuse car parfait prototype d'une immense pagode dorée. Thatbyinnyu Temple est le plus haut, et Sulamuni Temple frappe par l'élégance de sa symétrie. Pour de superbes peintures murales, direction Gubyaukgyi Temple. Khay-Min-Gha multiplie pagodes et stûpas tandis qu'on apprécie la pagode Bupaya pour sa vue sur le fleuve et son curieux bulbe doré.

Et puis partout émergent de petits édifices oubliés, peu ou pas fréquentés, sources de belles émotions. Ainsi des alentours du village de Min Nan Thu, avec ses charmants templions et sa sereine atmosphère.

Au coucher du soleil, alors que la lumière vient embraser dômes et tours, le site semble irréel, comme sorti d'un songe. Une splendeur !

• EXPÉRIENCE ROUTARD •

Compter au moins 2 jours. Loger à New Bagan, animé mais plus paisible que Nyaung Oo. Tout le site s'explore à vélo (ou en e-bike, plus confortable vu les distances). On se déchausse à l'entrée de chaque temple. Prévoir lampe de poche (pour l'intérieur des temples et les fresques), eau, chapeau et crème solaire. Pour profiter du coucher du soleil sur le fleuve et la pagode Lawkanada, terrasses dans quelques restos chics de New Bagan. Et beau panorama sur l'ensemble depuis la colline près du temple Sulamuni.

27° 29' 30'' N, 89° 21' 48'' E

Bhoutan

Monastère de Taktshang

Le Nid du Tigre

Type
Temples

Situation
Vallée de Paro

Religion, civilisation
Bouddhisme

Quelques chiffres
7 temples à plus de 3000 m d'altitude, construits en 1692, incendiés en 1998 et restaurés en 2005.

Âge d'or
XVIIe siècle.

Comment y aller
25 mn de trajet en voiture de Paro, puis 2 à 3 h de marche selon le niveau d'endurance.

Important lieu de pèlerinage pour les bouddhistes, ce site est une étape obligatoire à tous ceux qui veulent s'imprégner de l'atmosphère spirituelle du Bhoutan.

Le monastère du Nid du Tigre se visite souvent tout à la fin d'un voyage au Bouthan, un peu comme une cerise sur le gâteau. Le lieu, aussi connu sous le nom de Taktshang, est attaché au gourou Rinpoché, le fondateur du bouddhisme bhoutanais que l'on connaît également sous l'appellation Padmasambhava. À la demande des habitants de la région, il aurait rejoint la grotte à dos de tigresse volante pour en chasser les mauvais esprits... Il s'y serait isolé ensuite trois années durant pour méditer. Près d'un millénaire plus tard, au milieu du XVIIe siècle, Shabdrung Ngawang Namgyal, l'unificateur du pays, y fit bâtir le monastère, semi-rupestre pour honorer la divinité. On y découvre quatre temples étagés, dont certains ont dû être entièrement restaurés après un incendie en 1998.

Que vous choisissiez d'y grimper à pied, ou d'effectuer la grosse première moitié du trajet à dos de mule, le parcours en vaut largement la chandelle. De magnifiques points de vue permettent de contempler la nature préservée du Bhoutan : le monastère est agrippé à sa falaise, au-dessus d'une belle forêt de pins, de pruches couvertes de mousses espagnoles et de rhododendrons. En outre, croyant ou pas, on succombe naturellement à l'atmosphère sainte du lieu, propice à la méditation et au repos. L'interdiction des appareils électroniques à l'intérieur du monastère permet d'observer un peu plus longuement les peintures murales et les fresques illustrant les manifestations du « précieux maître ».

TROIS FOIS RIEN

En se renseignant sur le monastère, on comprend très vite que le chiffre 3 y a une forte portée symbolique. Outre le fait qu'il soit situé à environ 3000 m d'altitude, il est dit que Padmasambhava aurait séjourné dans la grotte exactement 3 ans, 3 mois, 3 jours et 3 heures. Et, lorsqu'un moine s'isole dans l'ermitage du monastère, c'est obligatoirement pour 3 ans ! Et devinez combien de chemins mènent au monastère ?... 3 bien sûr ! Coïncidence bizarre.

• EXPÉRIENCE ROUTARD •

Il est préférable de visiter le site au printemps, les températures étant particulièrement violentes lors des hautes saisons. Pour échapper aux hordes grimpant à dos de mule, préférer l'un des deux raccourcis, plus raides mais plus tranquilles et grimpant joliment entre les rhododendrons. Attention, par suite des décisions gouvernementales, impossible de visiter le Bhoutan sans l'aide d'une agence de voyages agréée. Visa d'entrée obligatoire.

Siem Reap (Cambodge)

Angkor

Une cité de légende

Type
Site archéologique

Situation
Asie du Sud-Est

Religion, civilisation
Hindouisme puis bouddhisme

Quelques chiffres
287 temples sont recensés dans la région d'Angkor. 300 000 ouvriers et 6 000 éléphants auraient participé à la construction du temple d'Angkor Wat ! À son apogée à la fin du XIIe siècle, le site aurait sans doute été l'une des plus grandes villes du monde avec près de 1 500 km^{2} et 800 000 habitants !

Quand y aller
De novembre à mars, le temps est agréable mais c'est la pleine saison. Hors saison, l'affluence est moindre mais les conditions météo plus rudes.

Comment y aller
L'entrée du site est à 8 km au nord de Siem Reap.

Les mots manquent pour décrire ce chef-d'œuvre de l'humanité dévoré par la jungle, rassemblant plus de 200 temples. Tout simplement magique !

Qui n'a jamais rêvé des tours d'Angkor ? D'y entendre « cette musique sculptée qui nous révèle, après dix siècles, le rythme lent et ondoyant de la danse des apsaras » (Élie Faure) ? De revivre le pèlerinage de Pierre Loti dans cette « basilique fantôme, immense et imprécise, ensevelie sous la forêt tropicale » ? Pour l'archéologue Bernard Groslier, « Il faut se représenter à la fois Versailles, la Concorde, le Louvre, la place des Vosges et toutes les plus belles cathédrales… ». Aucun doute, Angkor inspire et dépayse…

La glorieuse capitale de l'Empire khmer aura vécu plus de 500 ans, de sa fondation au IXe siècle jusqu'à son déclin au XIVe siècle. En 889, le roi Yasovarman Ier, fonde une cité à son nom que les Cambodgiens appelleront tout naturellement Angkor (« capitale »). La justesse du choix des lieux ne sera jamais démentie par les successeurs du roi : il avait trouvé la capitale idéale, capable de garantir la prospérité et l'invulnérabilité du royaume khmer.

UNE CITÉ PAS SI PERDUE...

Même si Angkor a connu une grande période de déclin, les temples n'ont jamais été abandonnés. Quelle surprise pour Henri Mouhot, en 1861, de découvrir ces temples qui n'ont jamais cessé d'être des lieux de culte ! D'abord hindou, Angkor devient bouddhique à la suite de la conversion d'un roi, dès la fin du XIe siècle.

Le site archéologique d'Angkor est si vaste qu'il est difficile d'en résumer la richesse. Parmi les lieux qui se visitent, Angkor Wat demeure le plus majestueux des temples. Ce temple-montagne serait entièrement dédié à Vishnou, dieu suprême de l'hindouisme. Les murs d'enceinte représentent la chaîne de montagnes sur laquelle repose le mont Meru, centre de l'univers pour les hindous. Si Angkor Wat est la majesté même, le Bayon est empreint de mystère. Situé au centre de la ville fortifiée d'Angkor Thom, cette « montagne magique » est une forêt de têtes gigantesques regardant dans toutes les directions, où l'on est obligé de se perdre... Ta Prohm, enfin, se révèle un lieu romantique et magique, parce qu'il resta longtemps livré à la jungle. Il fut autrefois l'un des plus gigantesques temples d'Angkor.

• EXPÉRIENCE ROUTARD •

Les plus beaux temples sont peu éloignés les uns des autres (à l'exception de Roluos et Banteay Srei). Ils sont regroupés dans le Petit Circuit (15 km) et le Grand Circuit (24 km). On conseille de venir dès 5h à l'ouverture pour admirer Angkor Wat, ou de faire la visite dans le sens inverse de la foule (de l'est vers l'ouest). Il en va de même pour Ta Prohm et le Bayon. Acheter les billets la veille à partir de 17h, pour pouvoir accéder au site le soir même et le lendemain dès l'ouverture.

29° 32' 49'' N, 103° 46' 09'' E

Chine

Grand Bouddha de Leshan

Un écrin de spiritualité creusé dans la roche

Type
Statue

Situation
En plein cœur du pays dans la région de Sichuan

Religion, civilisation
Bouddhisme

Quelques chiffres
71 m de haut et 24 m de large (soit un terrain de basket). La tête à elle seule mesure près de 15 m de haut (les oreilles 7 m). Entrée au Patrimoine mondial de l'Unesco en 1996.

Âge d'or
VIIIe siècle (dynastie Tang).

Comment y aller
Depuis Leshan, prendre le bus ou un bateau le long de la rivière. L'arrivée à Leshan peut se faire en train ou en bus depuis les villes de Chengdu et Emeishan.

Dans les méandres du mont Emei, directement taillée dans la falaise, se cache une merveille de la Chine ancienne aux dimensions exceptionnelles.

Construite entre 713 et 803, la plus grande représentation statuaire de Bouddha fut édifiée en grande pompe : le moine bâtisseur ne lésina pas sur les moyens et usa de systèmes ingénieux comme celui de drainage sophistiqué pour conserver la statue dans son état d'origine.

Deux points de vue uniques à ne pas manquer : les pieds du Bouddha, plus précisément les orteils de la sculpture, d'où, en relevant la tête, nous prenons conscience de notre minuscule condition mais aussi à 422 m d'altitude (ça grimpe !) où le choc de l'immensité de la tête du Grand Bouddha nous envahit pleinement.

Leshan est un lieu à l'offre spirituelle inégalée. L'imposante figure n'est pas le seul point intéressant à voir. Le long du chemin, à la nature luxuriante, sont érigés de nombreux temples, pagodes et même un second Bouddha allongé (de 170 m de long) !

PROTECTION DIVINE ?

Au confluent des rivières Dadu He, Min He et Qingyi Jiang, la ville de Leshan se voyait autrefois menacée par les eaux. Le moine Haitong, craignant pour la vie des mariniers et des habitants, décida donc de construire une représentation de Maitreya afin de calmer les eaux turbulentes et de protéger la ville des inondations. Les experts affirment que les roches jetées dans la rivière ont permis de combler des trous dangereux. Les habitants de la ville se plaisent à dire, eux, que ceci est le fruit de la protection divine de Bouddha. Aujourd'hui, le site est plus sujet à des problèmes liés à la pollution causée par l'essor économique chinois qu'aux eaux charriées.

25° 18' 38.79'' N, 83° 0' 38.21'' E

Varanasi (Inde)

Gange et temple de Kashi Vishwanath

Un bain de pureté

Type
Fleuve et temple

Situation
Nord et centre de l'Inde

Religion, civilisation
Hindouisme

Quelques chiffres
Le Gange parcourt 2525 km de sa source himalayenne à la baie du Bengale. L'actuel temple de Kashi Vishwanath, à Varanasi, date de 1780 et ses dômes sont recouverts de 900 kg d'or.

Âge d'or
Temple en activité depuis au moins le Xe siècle.

Comment y aller
En plein centre du vieux Varanasi, accès à pied. Varanasi est desservie par avion, train et bus de toute l'Inde.

Une célébration de Shiva et de la déesse Ganga, depuis les sources du fleuve jusqu'au plus sacré des temples hindous, Kashi Vishwanath Temple, à Varanasi.

Descendu des confins de l'Himalaya, source aux multiples affluents avant de se faire impétueux torrent jusqu'à Rishikesh, étalant déjà ses larges courbes à Haridwar, le Gange, Ganga pour les intimes, traverse tout le nord de l'Inde d'ouest en est, grossi de toute part, formidable et majestueuse source de vie, objet d'infinies vénérations dans toute l'Inde. Car lorsque la déesse Ganga tomba sur terre pour la purifier, sa chute brutale fut freinée par le sourcil de Shiva, qui la reçut dans son chignon d'où elle déroule désormais ses flots.

Jusqu'à atteindre Varanasi (ex-Bénarès), le plus saint des lieux saints de l'hindouisme, point de rencontre des mondes physique et spirituel. La déesse Ganga et son fleuve sont ici tout entier dévolus à leur œuvre de purification.

Les pélerins, par millions chaque année, viennent jusqu'au Gange effectuer leurs ablutions dans une ferveur extraordinaire pour se laver de toutes les fautes accumulées au cours des vies passées. Ici plus qu'ailleurs la mort fait partie de la vie. On vient y mourir en nombre, car rendre son dernier soupir à Varanasi, c'est en finir avec le cycle (diablement infernal !) des réincarnations (le *samsara*) et atteindre la *moksha* (la libération).

Point d'orgue de ces pélerinages, le Kashi Vishwanath Temple, dédié évidemment à Shiva l'universel (*Vishwanath* signifiant « Univers »).

UN DIVIN PHALLUS DE LUMIÈRE

Dans ce temple, Shiva est personnifié par un lingam de pierre de 60 cm de haut pour 90 cm de circonférence. Mais plus qu'un lingam, classique symbole du Shiva créateur dans l'hindouisme (souvent comparé à un phallus), il s'agit aussi d'un *jyotirlinga*, « lingam de lumière », né de la fantastique colonne de feu générée par Shiva pour prouver à Brahma et Vishnu sa suprématie divine. Seuls 12 temples en Inde abritent des *jyotirlinga*, 12 étapes d'un pèlerinage très couru des shivaïtes. Et celui-ci est le plus sacré d'entre eux.

Jalousement caché au plus inextricable des ruelles, à quelques mètres à peine des flots et des ghâts de crémation, il veille sur les âmes. Maintes fois agrandi et modifié (voire rasé de près par Aurangzeb), le temple actuel doit son surnom de Golden Temple à ses deux dômes fabuleux, recouverts de 900 kg d'or offerts par un maharajah sikh en 1839. Le sanctuaire abrite le très vénéré lingam de pierre de Shiva, que les fidèles baignent de lait, de ghee (beurre clarifié) ou de fleurs en guise d'offrandes. Et toute la ville scande cette ferveur sacrée, tel le cœur palpitant de l'hindouisme.

• EXPÉRIENCE ROUTARD •

L'accès au temple est très encadré : passeport obligatoire, et guide conseillé pour comprendre son fonctionnement. Pour mesurer la ferveur des fidèles, rien ne vaut une balade en barque le long des ghâts (escaliers), au petit matin, lorsque chacun vient accomplir ses ablutions rituelles. Ne pas manquer, au coucher du soleil, le Ganga Aarti, cérémonie qui se tient tous les soirs au bord du Gange sur le Dasashwamedh Ghât : la lumière est offerte en offrande au Gange, dans un rituel de chants. Un véritable ballet de lumière mené par de jeunes brahmanes.

vodafone

Bodhgaya (Inde)

Temple de la Mahabodhi

Source de l'éveil

Type
Temple

Situation
Bihar (nord-est de l'Inde)

Religion, civilisation
Bouddhisme

Quelques chiffres
Tour du sanctuaire de 52 m de haut ; premier temple au IIIe siècle av. J.-C., temple actuel du VIe siècle (période Gupta) ; redécouvert vers 1880 ; classé par l'Unesco en 2002.

Âge d'or
Du IIIe siècle av. J.-C. au XIIe siècle, regain début XXe siècle.

À ne pas manquer
Buddha Purnima (anniversaire du Bouddha), à la pleine lune d'avril-mai.

Comment y aller
Dans le centre du village. Depuis Varanasi, Kolkata, Delhi… train jusqu'à Gaya (12 km).

Haut lieu du bouddhisme par excellence, le temple de la Mahabodhi commémore l'illumination de Siddharta Gautama, devenu ici le Bouddha.

LE RÉVEIL D'UN TEMPLE

Un peu oublié à partir des XIIe-XIIIe siècle (poussée du sultan de Delhi – musulman – dans la région et déclin du bouddhisme en Inde), le temple de la Mahabodhi devint même l'annexe d'un temple hindou… Redécouvert autour de 1880 par l'Anglais Alexander Cunningham, qui initia aussi sa restauration, il fallut plusieurs décennies de batailles juridiques, menées par le moine sri-lankais Anagarika Dharmapala dès 1891, pour que le temple redevienne un lieu de culte bouddhique, en… 1949.

Au VIe siècle avant notre ère, sous les frondaisons sereines d'un pipal (ficus) se retira ici pendant 7 semaines celui qui cherchait depuis plusieurs années déjà la vérité ultime et n'était encore que l'ascète Siddharta Gautama. Plongé dans une profonde méditation, il s'employa à atteindre l'illumination, et devint l'Éveillé, le Bouddha. Dès le règne de l'empereur Ashoka (IIIe siècle av. J.-C.), un temple commémore cet Éveil.

Dans l'enceinte de grès rose du temple de la Mahabodhi, le pipal étend toujours son ombre sur les bonzes en méditation, et dans le sanctuaire pyramidal un Bouddha entièrement doré (effleurant le sol de sa main droite – posture de la prise de la Terre à témoin) reçoit les offrandes des pieux pèlerins. Toute l'enceinte résonne d'une vie intense dans une atmosphère de grand recueillement.

Agra (Inde)

Taj Mahal

Le mausolée de l'amour

Type
Tombeau

Situation
Uttar Pradesh (nord de l'Inde)

Religion, civilisation
Empire moghol indien

Quelques chiffres
Édifié entre 1631 et 1648, le dôme culmine à 73 m et les minarets à 43 m. Classé au Patrimoine mondial de l'Unesco en 2011.

Âge d'or
Shah Jahan n'en profitera que 10 ans, car évincé par son fils en 1658.

Comment y aller
Agra est aisément accessible en train ou en voiture depuis New Delhi.

Un chef-d'œuvre de l'architecture moghole, éblouissant de marbre blanc et étincelant d'un éternel amour.

En ce mois de juin 1631, le valeureux Shah Jahan, petit-fils d'Akbar et 5e empereur moghol à régner sur le nord de l'Inde, qui n'a plié ni devant les Rajputs au Mewar ni devant les Portugais au Bengale, reste inconsolable, le cœur dévasté. Il vient de perdre sa bien-aimée, sa muse, sa compagne de tous les instants, Mumtaz Mahal. Âgée de 37 ans à peine, la naissance de leur 14e enfant lui a été fatale.

De retour à Agra, capitale moghole fondée par son aïeul Babur au début du XVIe siècle, Shah Jahan fait vœu de construire à sa mémoire un monument à nul autre pareil. Il convoque l'architecte perse Ustad Ahmad Lahauri, qui choisit de dissimuler le mausolée derrière une immense enceinte de grès rouge. Ainsi découvre-t-on le Taj Mahal au détour d'une arche, avec tout le suspense d'un lever de rideau au théâtre.

La vision est éblouissante et presque irréelle : élevé au fond d'un vaste jardin, le mausolée de marbre blanc se mire dans un long bassin. Il se dresse au centre d'une vaste plateforme, colossal et en même temps si gracieux et léger, semblant presque flotter dans les airs… Impression saisissante lorsqu'on le visite à l'aube en hiver, dans les brumes matinales.

MON FILS, MON MEILLEUR ENNEMI ?

Tout l'édifice est conçu en parfaite symétrie autour du cénotaphe de son épouse Mumtaz Mahal. Pourquoi le tombeau de Shah Jahan, sur le côté, fait-il exception ? La faute à Aurangzeb, fils et successeur de Shah Jahan. Après avoir évincé son père du trône et l'avoir assigné à résidence dans le Fort Rouge, il refusa, en prime, d'assumer le coût d'un mausolée pour Shah Jahan de l'autre côté de la Yamuna… et le fit placer à côté de celui de Mumtaz Mahal, déséquilibrant la symétrie de l'intérieur. Ingrat, et en plus radin.

Toute cette délicatesse demanda tout de même 17 années de dur labeur à plus de 20 000 travailleurs et artisans, venus, dit-on, des quatre coins du monde connu. Combinant architectures perse, islamique et d'Asie centrale, le fastueux et puissant dôme en bulbe est encadré par quatre graciles minarets, d'une splendeur inouïe. L'ensemble, recouvert d'un magnifique marbre blanc du Rajasthan, est enluminé de mille et une inscriptions calligraphiques et d'entrelacs végétaux marquetés en pierres semi-précieuses, et les cénotaphes des deux souverains se dévoilent derrière une délicate dentelle de marbre. La beauté transcende ici toute religion, ne laissant place qu'à la célébration de l'amour.

• EXPÉRIENCE ROUTARD •

Loger dans Taj Ganj, le quartier le plus proche du mausolée, permet aussi de l'admirer des terrasses, au soleil couchant. Un kilomètre avant l'entrée, plus de voiture : accès à pied ou en voiturettes électriques. Sont interdits à l'intérieur de l'enceinte : stylos, feutres, nourritures, boissons, briquets, couteaux, pieds pour photos, etc. ; y aller léger, ou utiliser la consigne. Un must : la visite, en hiver, à l'aube : les brumes qui montent de la Yamuna nimbent le monument d'une atmosphère magique.

Amritsar (Inde)

Golden Temple – Harmandir Sahib

D'or et de nectar

Type
Temple sikh (Gurudwara)

Situation
Pendjab (nord-ouest de l'Inde)

Religion, civilisation
Sikhisme

Quelques chiffres
Fondé en 1604, doré à l'or fin par Ranjit Singh en 1830. Un carré de 12,25 m de côté, sur une plateforme de 19,7 m de côté, dans un bassin de 154,5 sur 148,5 m !

Âge d'or
Sous le règne de Ranjit Singh (1801-1839) qui rénova entièrement le temple.

Comment y aller
En avion, train, bus ou voiture pour atteindre Amritsar. Le temple est en plein centre historique, dans un secteur entièrement piéton.

Lieu le plus sacré du sikhisme, le Golden Temple bruisse nuit et jour d'une activité pleine de ferveur, au rythme des hymnes sacrés.

Temple de référence pour la communauté sikh, le Golden Temple, officiellement Harmandir Sahib, porte bien son surnom. Au centre d'un bassin sacré (Amrit Sarovar, ou « piscine de nectar » – la ville lui doit son nom), gracieux, il resplendit de tout l'or de son dôme, comme serti dans un écrin, tant l'enceinte de marbre éblouit de blancheur ! Une splendeur !

Si le sikhisme s'est organisé au début du XVIe siècle autour de Guru Nanak, maître d'une communauté mystique, c'est Ram Das, 4e Guru, qui fonda Amritsar en 1577 autour d'un étang miraculeux. Et Arjan, son successeur qui posa les premières pierres du temple en 1589, ordonna les rites du sikhisme et compila les textes en un recueil, l'Adi Granth – ou Guru Granth Sahib.

Pour admirer ce livre sacré, une allée de marbre blanc longue de 60 m, précédée du Darshani Deorhi (le petit pavillon à l'entrée du pont), mène au sanctuaire. C'est ici, sous le dôme en lotus renversé, entre les murs incrustés de nacre, de pierres précieuses et gravés d'arabesques aux motifs floraux, qu'est religieusement conservé l'Adi Granth. Plus que la finesse et la riche profusion des décors, l'ambiance est impressionnante. Des officiants chantent sans relâche les hymnes sacrés, tout en jouant de la musique, et ce depuis plus de 400 ans !

LES MOINES SOLDATS DU SIKHISME

Le contexte régional au XVIIe siècle – les Moghols, musulmans et conquérants, étaient aux frontières – oblige les sikhs à former une branche militaire, le Khalsa, avec rites initiatiques et symboles d'appartenance, comme le port du poignard et des cheveux longs. Apogée du Khalsa sous l'autorité de Ranjit Singh, qui résiste face aux Moghols, aux Afghans et aux Anglais (quelle santé !) et fonde le royaume sikh en 1799. C'est lui qui reconstruit le temple en marbre et dore son dôme à l'or fin, fort de ses conquêtes jusqu'à Lahore.

Tous les soirs, l'Adi Granth est transféré vers l'Akal Takht en une procession solennelle, sous un dais incrusté de diamants et de pierreries, pour revenir tous les matins sous le dôme. Depuis le premier étage du temple, vue plongeante sur les chanteurs et les fidèles en extase mystique.

Et tout au long de la journée, les plus pieux se plongent dans le bassin sacré, poignard au côté et longue chevelure dénouée, pendant que des bénévoles font marcher à plein régime les cantines du temple. Une activité qui se poursuit la nuit, dans de splendides illuminations qui invitent au mysticisme.

• EXPÉRIENCE ROUTARD •

Le Golden Temple est ouvert 24h/24 et quatre portes en percent l'enceinte. Laisser ses chaussures à la consigne, passer au pédiluve et se couvrir les cheveux (garçons comme filles) avant d'entrer. Ne pas manquer les formidables cuisines, qui servent plusieurs milliers de repas gratuitement chaque jour, grâce à des bénévoles. D'ailleurs, pourquoi pas vous, que ce soit comme bénévole ou comme invité ?

Auroville (Inde)

Matrimandir

L'âme de la Mère

Type
Lieu de méditation

Situation
Tamil Nadu
(sud-est de l'Inde)

Religion, civilisation
Pas une religion mais la « nouvelle conscience »

Quelques chiffres
Première pierre posée le 21 février 1971 (Auroville fut fondée en 1968 avec le soutien de l'Unesco). Sa sphère de 36 m de diamètre est couverte de 1415 disques de 2,3 m ou de 1,5 m dorés à l'or fin ; inaugurée en 2008 ; à l'intérieur, un globe de cristal de verre de 70 cm de diamètre. Inauguration en 2008.

Comment y aller
Auroville est à 10 km au nord de Pondicherry ; accès au Matrimandir sur réservation.

À Auroville, cité universelle, la sphère dorée du Matrimandir abrite en son cœur un sanctuaire dédié à la méditation.

DE MIRRA À LA MÈRE

Mirra Alfassa, née à Paris en 1878, s'intéresse dès les années 1905 à la spiritualité (ou l'ésotérisme, tel le Mouvement Cosmique). Lorsqu'elle arrive à Pondicherry en compagnie de son second mari Paul Richard en 1914, tous deux se passionnent pour les théories de Sri Aurobindo, au point que Mirra rejoint définitivement le philosophe en Inde en 1920. Dès lors elle devient « la Mère », et en 1926 Sri Aurobindo, tout entier absorbé par son travail intérieur, lui confie même la tâche de guider ses disciples au sein de son ashram.

Au centre de beaux jardins fleuris surgit cette formidable sphère couverte de disques paraboliques dorés, évoquant un astre (ou plus prosaïquement une balle de golf). Et c'est bien d'un astre symbolique qu'il s'agit, à la fois cœur et âme de la galaxie tournante qu'épouse le plan d'Auroville. Car Auroville n'incarne rien moins que la philosophie mystique développée par Mirra Alfassa, « la Mère », compagne spirituelle de Sri Aurobindo : une cité universelle au-dessus de toute croyance, de toute politique et de toute nationalité, un creuset de la connaissance et du progrès, une réalisation de l'unité humaine. Le Matrimandir incarne cette conscience suprême à atteindre, prodigieuse ambition ! – utopie, diront certains. Au centre d'Auroville, le cœur de la sphère : une salle de méditation d'un blanc immaculé où 12 piliers encadrent un globe de cristal de verre, réceptacle luminescent d'un rayon de soleil… Nulle musique, nulle image ni encens : concentration, silence absolu et atmosphère unique comme voies intimes vers la conscience.

Indonésie

Prambanan

Une constellation de temples

Type
Complexe archéologique de temples

Situation
Au centre de l'île de Java

Religion, civilisation
Hindouisme

Quelques chiffres
Temples bâtis à partir de 856, abandonnés autour de 930 ; près de 240 temples à l'origine (500 avec le Candi Sewu, bouddhique), la tour du Candi Shiva culmine à 47 m de haut ; classé par l'Unesco en 1991.

Âge d'or
Au IXe-Xe siècles, le royaume de Mataram célébrait les cérémonies royales au Candi Prambanan.

Comment y aller
À 17 km de Yogyakarta. Bonne route en bus, minibus ou voiture.

À Prambanan, l'hindouisme shivaïte indonésien trouve sa source et son inspiration au Candi Prambanan, le plus vaste ensemble de temples hindous de l'archipel.

Dans la plaine si fertile du volcan Merapi, la dynastie Sanjaya, alors à la tête du royaume de Mataram, érigea au IXe siècle près de 240 temples exaltant la splendeur de l'hindouisme shivaïte. Dans un vaste parc verdoyant, six temples, restaurés, dressent toujours vers le ciel leurs hautes tours en pain de sucre, symbole du mont Meru.

La Trimurti au grand complet – Shiva, Vishnu et Brahma –, accompagnée de sa cohorte de sous-divinités et de sa ribambelle de personnages mythiques de l'épopée du Rāmāyana, s'affronte, danse, s'aime ou médite de niche en niche, de pierre en pierre. Le Candi Shiva, au centre, est le plus imposant, avec sa superbe statue de 3 m. Face aux temples de chacun des trois dieux créateurs, leurs montures symboliques veillent toujours : Nandi, le taureau de Shiva, Angsa, le cygne de Brahma et Garuda, l'aigle sacré de Vishnu.

LA GUERRE DES DIEUX N'AURA PAS LIEU... OU PLUS TARD !

Dans le parc archéologique de Prambanan, à un battement d'aile des temples hindous, se déploie aussi le Candi Sewu, un spectaculaire temple bouddhique des VIIIe et IXe siècles, soit plus de 250 stûpas disposés en mandalas carrés autour d'un temple central. Il est quasiment contemporain de Candi Prambanan, ce qui laisse penser que bouddhisme et hindouisme, tous deux arrivés d'Inde par la mer, cohabitèrent par période dans un esprit de tolérance au royaume de Mataram.

7° 36' 29'' S, 110° 12' 14'' E

Indonésie

Borobudur

Une pyramide cosmique

Type
Stûpa

Situation
Au centre de l'île de Java

Religion, civilisation
Bouddhisme

Quelques chiffres
Bâtie aux VIIIe-IXe siècles en 75 ans, ce carré parfait de 123 m de côté et 34,5 m de haut comporte 1 600 000 blocs de pierre. Redécouvert en 1814, il fut classé par l'Unesco en 1991.

Âge d'or
IXe siècle, grâce à la puissante dynastie des Sailendra.

Comment y aller
À 42 km de Yogyakarta. Bonne route en bus, minibus ou voiture, puis 20 mn à pied.

Fabuleuse pyramide aux proportions parfaites, Borobudur est le plus grand monument bouddhique du monde.

Le bâtiment dresse ses pierres grises et la symétrie de ses dômes dans un océan végétal aux verts luxuriants. Contraste garanti ! Non loin des terres fertiles du volcan Merapi, à la croisée des rivières Progo et Elo, voici le merveilleux écrin de rizières et de palmiers choisi par la puissante dynastie des Sailendra, à la fin du VIIIe siècle. Quant à l'origine du nom de Borobudur, la plus probable serait le mot Bharabhudara, « montagne des vertus des dix sages du Bodhisattva ».

Avec ses proportions parfaites, cette curieuse pyramide s'élève en neuf terrasses et déroule pas moins de 5 km de sculptures en bas-relief (dont près de 500 statues du Bouddha – il n'en reste que 300) ! Il faut dire que l'andésite, la pierre volcanique utilisée, est facile à sculpter. Après son abandon à la fin du IXe siècle, Borobudur fut livrée aux tremblements de terre, aux moussons et à l'invasion végétale. Les infiltrations entre ces pierres assemblées sans mortier mirent à mal tout le complexe, restauré pierre à pierre par l'Unesco à partir de 1955.

Sur sa base carrée vient s'inscrire un cercle, orienté aux points cardinaux : Borobudur symbolise le cosmos et les dix degrés nécessaires pour passer de la réalité au *nirvāna* (l'Éveil spirituel), une ascension vers l'essentiel. De bas-relief en Bouddha, les six premières terrasses, carrées, représentent la sphère des Désirs *(Kamadhatu)*, cause de toute souffrance humaine. Puis trois terrasses circulaires illustrent la sphère des Apparences *(Rupadhatu)*. Enfin, le dernier niveau figure le Vide, le Rien, le *nirvāna*. Au sommet se dresse l'immense stûpa creux, allégorie du mont Meru (montagne sacrée des bouddhistes comme les hindous, dans l'Himalaya) et de l'élévation ultime de l'âme, l'Éveil. Une déambulation sacrée (le *pradaksina*) dans un sanctuaire qui invite à une profonde méditation.

LE COSMOS EN CHIFFRES

Mathématiciens et autres architectes s'amusent beaucoup de la symbolique numérologique de Borobudur : on dénombre 9 terrasses, 504 statues (5 + 4 = 9), 72 stûpas (7 + 2 = 9), 108 niches (1 + 8 = 9) de chaque côté (4 x 108 = 432 ; 4 + 3 + 2 = 9), etc. Dans les mensurations du sanctuaire, le nombre 9 revient à chaque fois. Aucun hasard là-dedans car, selon le *Dictionnaire des symboles* (éd. Robert Laffont), « Neuf est un des nombres des sphères célestes ». Allez, on vous laisse compter les lettres de « Borobudur »…

• EXPÉRIENCE ROUTARD •

Éviter le dimanche. Compter 2h de visite sans se presser, beaucoup plus pour les mordus de sculptures. Y aller tôt le matin pour bénéficier de la plus belle lumière, explorer au maximum tous les niveaux avant que le soleil ne soit au zénith et avant l'arrivée en masse des visiteurs depuis Yogyakarta. D'ailleurs, dormir sur place permet aussi de profiter du paysage dès le lever du soleil et de se promener dans la campagne environnante, superbe.

Japon

Kyoto

Une grande aristocratique

Type
Ville japonaise

Situation
Région du Kansai

Religion, civilisation
Shintoïsme
et bouddhisme

Quelques chiffres
Des centaines de sanctuaires, de temples et de musées, une litanie de jardins, plus de 200 « Trésors nationaux » et près de 1600 « Trésors culturels ».

Âge d'or
La ville fut capitale impériale de 794 à 1868.

À ne pas manquer
Toute l'année, d'incroyables célébrations religieuses et culturelles, des manifestations historiques et des festivités traditionnelles.

Comment y aller
En train ou en bus.
En avion jusqu'à Osaka ou Itami (pas d'aéroport à Kyoto).

Riche d'un patrimoine sans équivalent ailleurs dans l'archipel, Kyoto est considérée comme la capitale historique, intellectuelle et culturelle du Japon.

À l'origine, la ville s'appelait Yamashiro, « château de la montagne ». Enrichie dans le commerce de la soie, on y érige en 711 le Fushimi-Inari, l'un des plus anciens temples shintoïstes avec le Shimogamo, le Yasaka Jinja ou le Koryu-Ji, qui se visitent aujourd'hui. Pour se détacher de l'influence des sectes bouddhiques de Nara, capitale du Japon entre 710 et 784, l'empereur Kammu la déplace au nord. Il choisit le site de l'actuelle Kyoto, en le nommant Heian-kyo, « capitale de la paix ».

Protégée des typhons par sa ceinture de collines, la nouvelle capitale se trouve à l'abri des tremblements de terre, qui frappent plutôt le littoral. Les astrologues trouvent eux aussi le site favorable, bien placé par rapport aux points cardinaux et au feng shui. La ville s'agrandit jusqu'au pied des collines, préservées et considérées comme un espace sacré habité des dieux.

Avec sa kyrielle de temples, de sanctuaires, de monastères et de jardins, cette cité perpétue le savoir-vivre japonais à travers des traditions religieuses et d'étonnantes célébrations tout au long de l'année. De nombreux sites et monuments sont inscrits au Patrimoine mondial de l'humanité par l'Unesco.

京都江戸川区
坂市鶴見区今津
姫路市
有夢進
代表取締役
宇台進一
株
笹岡工業
京都市伏見
技研
坪田直機
金山明彦
近鉄バファローズ
愛媛県四国中央
静岡県静岡市清水区
高田勝巳
岩崎清彦
貝塚市
茨木市
栄和建設
山岡澄子

UNE LUNE DE MIEL SAUVE KYOTO

En 1939-1945, le secrétaire d'État à la Guerre de Roosevelt et Truman, Henry L. Stimson, avait la mainmise sur le largage de la bombe atomique. Kyoto était en tête de liste pour être bombardée. Si elle fut épargnée, c'est grâce au bon souvenir que Stimson avait gardé de son voyage de noces à Kyoto, 30 ans plus tôt… Ouf !

Ville des arts, du thé, du *kabuki* (théâtre), de l'*ikebana* (art floral), les Japonais s'y sentent plus japonais qu'ailleurs. Au cœur de la cité, on découvre des quartiers à l'architecture traditionnelle, des ruelles et des canaux bordés de vieilles maisons en bois, des *ryokan* (auberges traditionnelles), des magasins ornés de lampions calligraphiés, et des *izakaya* (petits restos bon marché) aux entrées ourlées de *noren* (rideaux suspendus au-dessus de la porte). Pour couronner le tout, sa délicieuse cuisine dite *kaiseki* est sans conteste un sommet de délicatesse, l'une des plus fines du Japon.

• EXPÉRIENCE ROUTARD •

Se hâter lentement sur le chemin de la Philosophie, un sentier poétique de 2 km qui serpente le long d'une petite rivière. Quelle que soit la saison, cette promenade n'apporte que du bonheur, reliant entre eux des temples ancestraux adossés aux collines boisées, de somptueux jardins de mousse, le célébrissime Ginkaku-ji avec son Pavillon d'argent et ses jardins zen. Au printemps, les nombreux cerisiers habillent le chemin de rose et de blanc. À l'automne, la frondaison s'enflamme de chaudes couleurs.

Japon

Mont Fuji

L'icône japonaise

Type
Montagne

Situation
Île principale de Honshū, à 100 km au sud-ouest de Tokyo

Religion, civilisation
Shintoïsme

Quelques chiffres
Culmine à 3 776 m d'altitude. Son cratère mesure de 500 à 700 m. La dernière éruption date de 1707.

À ne pas manquer
En avril, fête de Fujizakura (ville importante au pied du mont) avec les cerisiers du Fuji en fleur ; 10 août : le Wakamiya takigi nô, spectacle nocturne de nô en plein air ; 26 et 27 août : festival du Feu, grande cérémonie du Himatsuri.

Comment y aller
En train et en bus depuis Tokyo, Kyoto et les villes sud et est du mont (Gotemba, Fujinomiya…).

Perpétuellement enneigée, occasionnellement embrumée, la plus haute et majestueuse montagne du pays, à la symétrie parfaite, offre un spectacle envoûtant à toutes les saisons.

Encerclé par la région des Cinq Lacs, dressé au-dessus des plaines et des villages, la haute montagne suscite une admiration telle que les Japonais l'appellent « Fuji-san » (Monsieur Fuji), grand signe de respect. Le nom de Fuji viendrait d'un mot ainou : Fuchi, qui n'est autre que le nom de la déesse du Feu. Le mont serait profondément lié à celle-ci. Cette dernière y habiterait en colocation avec Fuji-Hime et Sakuya-Hime, divinités shinto issues de la plus ancienne religion du Japon. Les kami gouverneraient le monde visible et invisible depuis la montagne sacrée, tant aimée que redoutée par les Japonais, comme les Grecs avec le mont Olympe. Ces mêmes kami s'occuperaient de la floraison des cerisiers, arbres vénérés des Japonais.

La secte shinto du Fuji-kô réunit des adorateurs du mont qui aujourd'hui continuent à entreprendre des pèlerinages jusqu'au sommet.

TRANQUILLITÉ DIVINE

De fervents fidèles du mont veillent sur le volcan considérant que les kami ne doivent pas être perturbés par l'agitation humaine. La période d'ascension où l'afflux des touristes est conséquent ne dure que 2 mois, de juillet à mi-septembre. Les divinités partiraient alors en vacances et, selon la légende, se retiraient dans les entrailles du volcan pour éviter la cohue des visiteurs.

Japon

Île sacrée d'Okinoshima

L'île interdite

Type
Île, lieu sacré

Situation
À 60 km au large de l'île de Kyushu dans la mer du Japon, municipalité de Munakata

Religion, civilisation
Shintoïsme

Quelques chiffres
D'une superficie de 0,97 km², l'île culmine à 244 m d'altitude. Un seul habitant ! Entrée au Patrimoine mondial de l'Unesco en 2017.

Âge d'Or
Du IVe au IXe siècle.

Comment y aller
Accessible en ferry depuis Kyushu.

Des airs d'île secrète préservée par les dieux, presque insaisissable, Okinoshima ne cesse de surprendre par ses singularités en étant au cœur de la religion shintoïste.

Située entre l'archipel japonais et la péninsule coréenne, l'île d'Okinoshima (« l'île des dieux » en japonais) est une source d'informations essentielle à la connaissance des rituels anciens. Depuis le IVe siècle, la vie de l'îlot est ponctuée de rituels en l'honneur des trois divinités shinto de Munakata. D'ailleurs, l'île entière est considérée comme un kami, une divinité shinto en elle-même.

À proximité du continent asiatique, les habitants de la région Munakata allaient prier à Okinoshima pour encourager les commerces florissants entre le Japon et les pays environnants, mais aussi pour s'assurer de la sécurité des voyages maritimes vers l'île de Kyushu.

Des perles et des miroirs de bronze figuraient parmi les offrandes, symboles des insignes royaux japonais. Ces objets votifs (dont 80 000 recensés) sont représentatifs des offrandes d'usage pendant plusieurs siècles. L'île est à elle seule un véritable témoignage de la culture nipponne ancienne.

• EXPÉRIENCE ROUTARD •

L'accueil au public est autorisé uniquement le 27 mai, jour du festival annuel du temple Munakata Taisha. Encore plus surprenant, l'île est interdite aux femmes. Seuls 200 hommes sont sélectionnés pour venir prier afin d'apaiser les esprits des soldats japonais et russes morts lors de la bataille navale près de l'île en 1905.
Pendant les 364 jours restants, seul l'employé du sanctuaire y réside.

Japon

Cimetière Okuno-in à Koyasan

La vie des morts

Type
Cimetière

Situation
région de Kansai (sud-est d'Osaka)

Religion, civilisation
Bouddhisme (secte Shingon)

Quelques chiffres
Site inscrit au Patrimoine mondial de l'Unesco depuis 2004. Environ 200 000 stèles.

Comment y aller
Compter 2h depuis Osaka, Kyoto ou Nara. À 15 mn du centre-ville de Senjuinbashi.

Abritant 200 000 tombes, à quelque 800 m d'altitude, Okuno-in est le plus grand cimetière du Japon et le plus célèbre.

C'est ici, sur l'une des montagnes les plus sacrées du Japon, le mont Koya, que des milliers de croyants viennent se recueillir tous les ans.

Réparti sur plusieurs kilomètres, le cimetière Okuno-in possède, indéniablement, un caractère sacré, magique et unique. Plus qu'un cimetière, c'est une immense nécropole étendue sur le versant des montagnes (mont Tenjiku, mont Yoru, mont Mani). La forêt de pins et de cèdres multi-centenaires qui environnent les lieux sont remarquables, certains très hauts et majestueux, montent vers le ciel comme les piliers d'un temple défiant les mortels. Ici, certaines tombes ressemblent à des stèles, totems, ou stûpas tibétains, d'autres plus simples, sont hérissées de *sotoba*, ces longues tablettes en bois couvertes de sutras (prières) calligraphiés.

La salle de culte principale, le temple des lanternes, abrite 10 000 lanternes. La légende raconte qu'une jeune femme aurait coupé ses longs cheveux noirs afin de s'offrir une lanterne, en mémoire de ses défunts parents. Deux flammes seraient alors toujours en train de brûler, sans interruption, depuis plus d'un millier d'années. Une ambiance spectaculaire berce les lieux avec ces lanternes à l'infini, en l'air et au sous-sol.

LA MÉDITATION ÉTERNELLE

Une des légendes de ce cimetière raconte qu'au IXe siècle le moine le plus célèbre du Japon, Kobo Daishi, serait entré en méditation profonde. Dans quel but ? Éloigner la mort. Son corps serait resté intact, dans l'attente de l'arrivée du prochain Bouddha, Miroku. Depuis les XIe et XIIe siècles, les familles nobles et les samouraïs ont pris l'habitude de faire inhumer leurs cendres à proximité du mausolée de Kobo Daishi. Toujours aussi apprécié des siècles plus tard, les fidèles viennent de partout dans le pays afin de se recueillir sur sa tombe et chanter des sutras.

Ouzbékistan

Samarcande

La cité des coupoles bleues

Type
Ville

Situation
Asie centrale

Religion, civilisation
Islam principalement

Quelques chiffres
Les origines de la cité remontent au VIe siècle av. J.-C. C'est aujourd'hui la 2e plus grande ville du pays qui compte environ 600 000 habitants et plus de 300 Monuments historiques.

Âge d'or
À son apogée, la ville fut capitale de l'Empire timouride du XIVe au XVe siècle.

Comment y aller
Depuis Paris, vol jusqu'à Tachkent, la capitale du pays, puis liaison quotidienne vers l'aéroport régional de Samarcande.

Samarcande, l'une des plus anciennes villes de l'Asie centrale, offre un patrimoine historique et culturel d'une richesse inouïe.

L'Ouzbékistan est un pays unique en son genre. Carrefour des civilisations avec les traces des grands empires : de celui d'Alexandre le Grand à celui des tsars en passant par ceux de Gengis Khan et Tamerlan. Carrefour des religions, à la croisée des influences bouddhistes, chrétiennes et musulmanes. Sans qu'elles n'aient jamais été réellement oubliées, certaines traditions furent laissées par le chamanisme ou le mazdéisme. Carrefour des coutumes, entre les tribus nomades et certaines des plus anciennes cités sédentaires du monde. Carrefour culturel enfin, qui se découvre tout au long de la mythique route de la Soie qui reliait la Chine à l'Occident.

Classé au Patrimoine mondial par l'Unesco depuis 2001, Samarcande est l'un des plus grands centres économiques et religieux du pays. Importante étape sur la route de la Soie, la ville fut traversée au fil des époques par de nombreuses civilisations, parmi lesquelles les Arabes, les Chinois et les Perses.

Héritière de cette diversité culturelle, la cité émerveille par la richesse de son patrimoine historique et culturel. Si la nouvelle ville arbore des bâtiments à l'allure moderne, le cœur historique abrite des monuments et œuvres d'art parmi les plus grandioses d'Asie occidentale, ainsi que des infrastructures scientifiques très avancées.

CÉRÉMONIE DU THÉ

En Ouzbékistan, le thé, vert ou noir, est une véritable religion et le servir obéit à tout un cérémonial. Il est préalablement versé trois fois dans une tasse et reversé à chaque fois dans la théière. Ces trois temps symbolisent *loy*, l'argile, *moy*, la graisse et *tchaï*, le thé. Le premier étanche la soif, le second isole du froid et du danger, le dernier éteint le feu. La main gauche étant impure, théière ou tasses doivent être manipulées de la main droite.

Au programme, la visite des grands monuments de l'ère timouride : le mausolée du Gour Emir, la nécropole de Shah-i-Zinda, la mosquée Bibi-Khanym et la place du Régistan, ancien cœur de la ville, entourée de trois medersas (écoles coraniques). Sans oublier le magnifique observatoire astronomique d'Ulugh Beg, redécouvert par un archéologue russe au début du XXe siècle.

• EXPÉRIENCE ROUTARD •

Boukhara et Khiva, les deux autres villes mythiques du pays, classées au Patrimoine mondial par l'Unesco, méritent aussi une visite. Boukhara possède un centre historique où se déploient des monuments tous plus beaux les uns que les autres. Khiva, aux portes du désert du Karakoum, est une ville fortifiée entourée de remparts massifs. Elle aurait été fondée par le fils de Noé, Sem, là où il creusa le puits de Keivah.

Dalhousie (Sri Lanka)

Pic d'Adam

Une empreinte œcuménique

Type
Montagne sacrée

Situation
Sud-ouest des montagnes du centre du Sri Lanka, entre Ratnapura et Hatton.

Religion, civilisation
Bouddhisme, hindouisme, islam et christianisme

Quelques chiffres
2243 m d'altitude, 5200 marches, 14 km aller-retour au départ de Dalhousie (en moyenne 3-4h de montée, jusqu'à 6-7h).

Âge d'or
Pèlerinage attesté depuis au moins le XIe siècle.

Comment y aller
À pied ! Ascension depuis le village de Dalhousie.

Avec ses 2 243 m d'altitude, le pic d'Adam est le pèlerinage religieux le plus important et le plus populaire du Sri Lanka, avec le temple de la Dent à Kandy.

Le cône majestueux du pic d'Adam (Sri Pada en v.o.) en impose sur tout le paysage alentour, et réussit l'exploit d'être vénéré aussi bien par les bouddhistes et hindouistes que par musulmans et chrétiens.

C'est qu'en son sommet se dessine dans la roche l'empreinte dorée d'un pas, aujourd'hui protégé par un templion. Un pas attribué pour les uns à Bouddha, pour les autres à Shiva, pour certains à Adam (d'où son nom), voire à saint Thomas. Un pas hautement œcuménique, et qui réunit tout un monde de croyants pour le long pèlerinage qui y mène. Le but de l'ascension, traditionnellement entamée en pleine nuit et exclusivement à pied, est d'arriver au lever du soleil.

À l'arrivée au sommet, ponctuée des tintements de la cloche du temple, l'astre solaire s'élève dans la ferveur et l'ombre formidable du pic déploie son éventail loin sur la plaine. Intense !

UN CONTE, DES DIEUX

Pour les bouddhistes, Bouddha aurait laissé une empreinte de son vénérable pied, lors de son troisième séjour à Ceylan, avant de partir pour l'au-delà. Musulmans et chrétiens considèrent qu'Adam creusa cette empreinte après avoir été chassé du Paradis : en pénitence sur cette montagne, il serait resté debout sur une seule jambe en attendant la rédemption de ses péchés. Yogi, en quelque sorte. Les hindous, eux, l'attribue à Shiva ou Vishnu, passé par ici pour soutenir Rama contre le démon Ravana… Chacun y trouve son compte.

Kandy (Sri Lanka)

Temple de la Dent

Le bouddhisme vivant

Type
Temple

Situation
Centre du Sri Lanka

Religion, civilisation
Bouddhisme

Quelques chiffres
Temple actuel contruit fin XVIIe-début XVIIIe siècle, classé par l’Unesco en 1988.

Âge d’or
Toujours actif !

À ne pas manquer
Esala Perahera, 10 jours de processions parmi les plus spectaculaires d’Asie, lors de la pleine lune de juillet-août.

Comment y aller
Kandy est aisément accessible depuis Colombo en train (2h30-3h30), bus (4h) ou par la route.

Dans la capitale royale et sacrée de Kandy, plus sacré encore est le temple de la Dent, qui abrite la plus précieuse relique du Sri Lanka : la dent de Bouddha.

Dans l’enceinte même du palais royal de Kandy, ancienne capitale des rois de Sinhala et ville sacrée, protégé par de hauts murs et cerné de douves, le temple de la Dent (Dalada Maligawa en v.o.) est l’objet d’une grande dévotion car la légende veut que la précieuse relique soit une dent de Bouddha.

Tout s’articule autour de la salle de l’Image *(Shrine room)*, petit temple central aux piliers de pierre. Il abrite un tabernacle contenant le reliquaire de la dent, composé de six coffrets d’or en forme de stûpas emboîtés les uns dans les autres, et dont la richesse augmente à mesure que le format diminue.

Les moines bouddhistes, pieux gardiens des lieux, mènent trois cérémonies quotidiennes *(puja)*. Les fidèles, dans une atmosphère dense de recueillement, présentent offrandes et vœux à la Dent.

LE PÉRIPLE DE LA DENT SACRÉE

On dit que cette dent fut sauvée de la crémation du Bouddha au VIe siècle av. J.-C et apportée d’Inde au Sri Lanka au IIIe siècle par une princesse indienne qui la dissimula dans sa chevelure. Considérée dès lors comme une relique sacrée, les rois du Sri Lanka en devinrent les gardiens et elle suivit leurs pérégrinations de royaume en royaume, devenant même un symbole du pouvoir royal. C’est ainsi qu’elle arriva à Kandy, dernière capitale royale, à la fin du XVIe siècle. Où on lui construisit un temple.

Amphoe Sam Phran (Thaïlande)

Wat Samphran

Le temple du dragon

Type
Temple

Situation
Province de Nakhon Pathom (ouest de Bangkok)

Religion, civilisation
Bouddhisme

Quelques chiffres
Temple répertorié en 1985 ; construit par le propriétaire après une méditation de 7 jours.

Comment y aller
Le plus simple est de s'y rendre en voiture ou taxi depuis Bangkok (40 km), ou Nakhon Pathom (25 km).

Sur 17 étages, soit 80 m de hauteur, honorant ainsi le nombre d'années vécues par Bouddha, ce temple passe difficilement inaperçu.

Surnommé « temple du dragon », l'architecture de ce bâtiment hors du commun attire l'attention par ses détails complexes : un dragon vert gigantesque est enroulé autour du bâtiment en forme de cylindre. Difficile à rater ! Les visiteurs sont d'ailleurs invités à toucher les pattes du dragon aux cinq griffes, qui représentent les cinq préceptes moraux du bouddhisme.

C'est par le ventre de la bête que les visiteurs accèdent aux étages, dans un tunnel interminable qui mène au sommet. Une fois arrivé là-haut, une vue panoramique et un immense Bouddha sont à admirer.

À l'intérieur du temple, plusieurs espaces distincts, dont une zone de méditation et un quartier d'habitations. Un peu partout, on découvre de nombreuses sculptures d'animaux sacrés comme celle d'une tortue géante ou d'un éléphant. Jardin et temple offrent également un moment de sérénité plus qu'appréciable aux visiteurs qui se seront aventurés en dehors des sentiers battus.

PACHYDERME QUE ÇA !

Dans la famille des pachydermes, le plus aimé est l'éléphant blanc, animal sacré du bouddhisme, symbole de paix et de prospérité. La légende prétend qu'un éléphant blanc aurait fécondé la mère du Bouddha, qui enfanta ensuite le grand sage… En Thaïlande, l'histoire de cet animal d'exception a toujours été liée à la nation. Jadis emblèmes du drapeau siamois, les éléphants blancs sont traditionnellement la propriété du roi, qui renforce ainsi sa position divine. Il n'en reste plus beaucoup aujourd'hui.

Thaïlande

Grotte de Phraya Nakhon

Un trésor culturel

Type
Grotte, temple

Situation
Province de Prachuap Khiri Khan (nord-ouest de la Thaïlande)

Religion, civilisation
Bouddhisme

Quelques chiffres
La construction du pavillon royal date de 1890 ; compte parmi les plus petits temples de Thaïlande.

Âge d'Or
XIXe siècle.

Comment y aller
45 mn de trajet en voiture depuis Hua Hin jusqu'au village Bang Pu ; en bateau jusqu'à la plage de Laem Sala puis 30 mn de marche.

C'est dans les profondeurs du parc national de Khao Sam Roi Yot, surnommé « la montagne aux 300 pics » que se trouve la mystérieuse grotte de Phraya Nakhon, l'une des plus somptueuses au monde.

Symbole de la région de Prachuap Khiri Khan, cette grotte aurait été découverte par Nakhon Sri Thammarat, un dirigeant local qui fut contraint d'abandonner son navire pour s'abriter d'une violente tempête.

Il faut s'aventurer vers une première caverne, où demeure une cascade et des stalactites datant d'une centaine d'années, pour découvrir Phraya Nakhon. La grotte baignée par un puits de lumière naturelle qui pénètre quelques mètres plus haut offre un spectacle époustouflant, presque magique, aux visiteurs qui auront fait l'effort de se rendre sur le site.

Sur une colline, entourée d'arbres et de végétation, au cœur de la nature sauvage et luxuriante, se remarque le pavillon royal : un temple bouddhique souterrain construit en l'honneur du roi Chulalongkorn le Grand (Rama V), en 1890. La grotte, bien qu'en retrait et difficilement accessible, fut visitée par plusieurs rois, Rama V, Prajadhipok (Rama VII), ainsi que le roi Mongkut. Fascinés par la beauté des lieux, ils inscrivirent tous les trois leur nom sur le mur de la grotte. Plus récemment, le roi Bhumibol Adulyadej (Rama IX) visita sans laisser son nom. Ce ne sont pas tous des loubards.

UN RICHE ENVIRONNEMENT

L'État thaïlandais a réalisé de remarquables efforts en créant une centaine de parcs nationaux dans le but de protéger les espèces menacées. Grâce à sa multiplicité géologique et climatique, le pays du Sourire peut s'enorgueillir d'un riche héritage naturel composé de quelque 27 000 espèces de plantes et de fleurs, 600 espèces de poissons et plus de 100 variétés d'orchidées !

Tibet

Mont Kailash

Un voyage au centre de la terre

Type
Montagne sacrée

Situation
Ngari Korsum (ouest du Tibet)

Religion, civilisation
Hindouisme, bouddhisme, bön et jaïnisme

Quelques chiffres
Le mont culmine à 6714 m d'altitude.

À ne pas manquer
Le festival de Saga Dawa, en mai-juin.

Comment y aller
En jeep depuis Kathmandu (compter 5 jours !).

Centre spirituel de la région, le mont Kailash est l'un des plus hauts lieux de pèlerinage au monde.

Le monde n'est pas dépourvu de monts sacrés, mais s'il y en a un qui l'est particulièrement, c'est bien le mont Kailash. Situé sur le plateau du Changstang, il est considéré par beaucoup comme étant l'incarnation du mont Meru, cette montagne légendaire autour de laquelle graviterait l'univers.

Les pèlerins partent de Darchen, petit village à proximité, et empruntent la Kora, un sentier de 52 km qui fait le tour du mont. Les plus fervents vont jusqu'à s'agenouiller à chaque pas, prenant ainsi un mois pour le parcourir ! D'autres encore répètent le trajet 108 fois pour être sûr d'en tirer les bienfaits attendus.

Défi sportif, puisque la Kora est une route éprouvante située à plus de 5 000 m d'altitude, l'enjeu est avant tout spirituel : il faut pouvoir entrer dans la lumière et se connecter à toutes les formes de vie. Mais attention, les hindouistes interdisent aux pèlerins d'aller jusqu'au sommet, là où réside le dieu Shiva, car selon les recommandations de Jetsün Milarépa, poète tibétain du XIe siècle, il ne faut surtout pas le déranger.

VIEILLIR POUR ATTEINDRE LA SÉRÉNITÉ

Apparemment, l'ascension du mont Kailash ne serait pas la meilleure cure de jouvence au monde. En effet, il a été montré que l'atmosphère du lieu accélérerait le processus de vieillissement, si bien que les pèlerins peuvent voir leurs ongles et leurs cheveux pousser plus rapidement que d'habitude. Mais ce n'est sans doute rien en comparaison du gain de maturité spirituelle acquise durant la marche ! On l'espère du moins !

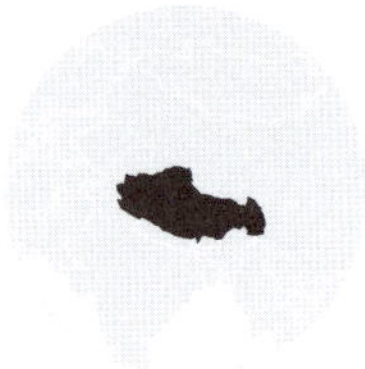

Lhassa (Tibet)

Potala

Le palais d'hiver des dalaï-lamas

Type
Palais

Situation
Vallée de Lhassa, région autonome du Tibet

Religion, civilisation
Bouddhisme

Quelques chiffres
3700 m d'altitude. Construit de 1645 à 1694. 13 étages, soit une façade de 118 m de hauteur. Inscrit au Patrimoine de l'Unesco en 1994.

Âge d'or
Du XVIIIe au XIXe siècle.

À ne pas manquer
Le mausolée du 7e dalaï-lama construit avec l'aide de 500 kg d'or et des milliers de pierres précieuses.

Comment y aller
En bus depuis l'aéroport (compter 1h10).

Véritable symbole de la puissance du peuple tibétain au XVIIe siècle, le Potala est aussi le plus monumental des édifices du Tibet.

Le Potala (Tse Potang en v.o.) est perché sur la colline du Marpori, là où 1 000 ans auparavant, l'empereur Songtsen Gampo a construit son palais. C'est au milieu du XVIIe siècle que fut entreprise la construction du Potala, nom qui rappelle celui donné au paradis de la divinité Avalokiteshvara qui incarne la compassion et dont les dalaï- lamas sont des incarnations.

Résidence du dalaï-lama et de sa cour, le Potala hébergea une vaste communauté monastique attachée au service du pontife et à l'entretien des temples. La présence des dalaï-lamas en a fait une destination majeure de pèlerinage. Mais le palais a joué également un rôle politique de premier plan en servant de siège au gouvernement tibétain. La destinée du pays se jouait dans son enceinte !

S'il conserve toute sa grandeur, le Potala a cependant perdu de son caractère sacré et mythique et beaucoup de sa vie depuis le départ de son illustre locataire. Toutefois, la magie opère pour peu qu'on soit sensible à la valeur symbolique et spirituelle du lieu, et qu'on s'imprègne de l'atmosphère chargée d'histoire.

UN DÉTAIL NON NÉGLIGEABLE

De larges moyens humains ont été mobilisés pour permettre la construction du Potala : 7000 ouvriers et 1500 artistes tibétains, maître d'œuvre népalais et chinois ont été recrutés. Et pourtant, en 1682, tout est mis en danger par le décès du 5e dalaï-lama. Alors, pour ne pas que le peuple, en apprenant la nouvelle, abandonne le projet, le régent prétendit le dalaï-lama en retraite. Sa mort fut donc cachée pendant douze ans, le temps que les ouvriers achèvent l'ouvrage.

OCÉANIE

Darwin (Australie)

Parc national de Kakadu

Une beauté naturelle exceptionnelle

Type
Parc national

Situation
Territoire du Nord (ville la plus proche à 250 km : Darwin)

Religion, civilisation
Culture aborigène

Quelques chiffres
19800 km^2 et 10000 crocodiles dans le parc. Inscrit au Patrimoine mondial de l'Unesco depuis 1981.

À ne pas manquer
Mahbilil Festival en août-septembre.

Comment y aller
Depuis l'aéroport international de Darwin, 3 h de voiture sur la route de Nature's Way.

C'est dans le parc national de Kakadu que se concentre le plus grand nombre de peintures rupestres aborigènes au monde dont certaines ont plus de 20 000 ans.

Le parc est un concentré de tous les paysages australiens. Il abrite une faune diversifiée et une flore exceptionnelle avec un tiers des espèces d'oiseaux en Australie, un quart de poissons d'eau douce et 2 000 variétés de plantes.

La culture locale aborigène est aussi très représentative : le peuple Bininj/Mungguy vit sur cette terre depuis 50 000 ans. Ces peuples qui étaient traditionnellement des chasseurs-cueilleurs ont pris soin de cette terre, et ont créé un lien spirituel et indéfectible avec celle-ci.

En effet, selon leur croyance, tout ce qui a été créé dans le paysage et tout autour, a été laissé par leurs ancêtres qui se sont eux-mêmes transformés en *djang* (lieux de rêve). À leurs morts, les autochtones deviendront à leur tour les gardiens de leur pays...

GUNBIM, L'ART RUPESTRE LOCAL

Pour dessiner sur la roche, les Aborigènes écrasaient des pigments sur une palette de pierre et les mélangeaient avec de l'eau pour en faire une pâte. Les pinceaux étaient fabriqués avec leurs cheveux, des roseaux et des plumes. Parfois, ils soufflaient sur des pigments humides autour des objets afin de créer un pochoir.

Aujourd'hui, les Bininj/Mungguy poursuivent l'art de leurs ancêtres en racontant leurs histoires à travers la peinture, réalisée désormais sur de l'écorce d'arbre, du papier ou de la toile.

25° 20' 42'' S, 131° 02' 11'' E

Yulara (Australie)

Uluru (Ayers Rock)

Le rocher du rêve aborigène

Type
Site géologique et mythologique

Situation
Red Centre, au centre de l'Australie, dans le parc national d'Uluru-Kata Tjuta

Religion, civilisation
Aborigène Anangu

Quelques chiffres
Un rocher haut de 348 m, plus précisément un inselberg ou monolithe, dont la base rocheuse plonge à 510 m sous terre ; 9,4 km de circonférence à sa base, et 280000 visiteurs par an.

Âge d'or
Lieu sacré depuis… 30000 ans !

Comment y aller
En avion depuis les grandes villes australiennes, ou par la route depuis Alice Springs.

À Uluru siège l'origine du monde, le monolithe symbolique et sacré des Aborigènes, au milieu d'un désert de sable rouge.

Saisissant, et le mot est faible, lorsque au détour d'un virage se détache des terres rougeoyantes et du ciel bleu azur l'impressionnante silhouette d'Uluru. Il prend toute sa dimension à mesure que l'on s'en approche jusqu'à atteindre sa base, où l'on se sent d'un coup tout petit.

Ce spectaculaire site naturel fut officiellement découvert en 1873 par William Christie Gosse, mais les Aborigènes pitjantjatjara et yankunitjatjara (ou « Anangu ») le connaissaient, eux, depuis plusieurs milliers d'années. Une nature à l'état brut, qui inspire depuis toujours les légendes et l'art des Aborigènes vivant en symbiose sur cette terre ancestrale. L'environnement se trouve naturellement au cœur de leur mythologie. Et quoi de plus inspirant que ce formidable rocher de grès rouge ?

Dans ce lieu sacré, les Aborigènes pratiquent depuis plus de 30 000 ans rituels et peintures. Sous son apparence assez monolithique, Uluru cache des grottes aux murs ornés d'art rupestre, de multiples cavités et des secrets connus des seuls initiés. La source de Mutitjulu, à la base d'Uluru, est considérée comme la seule source permanente. Après les pluies, l'eau stagne dans de petits bassins, au niveau de la partie supérieure du rocher, puis s'écoule en formant des ravines, avant de s'infiltrer jusqu'au nappes souterraines. Une singularité géologique et hydrologique qui participe au caractère sacré du territoire, la localisation des sources d'eau étant essentielle pour survivre ici.

LE MONDE, UN RÊVE DE GÉANT

Un Aborigène ne fait pas la distinction entre religion et vie séculaire. Pour lui, les mythes ne se déroulent pas dans le passé mais dans une réalité parallèle. Les ancêtres, sous forme de géants, y façonnent vallées et montagnes, autant que les êtres qui y habitent, et donnent sens à toute chose. Une période sans début ni fin, traduite par le « Temps du Rêve », à laquelle il convient de se raccorder grâce aux rêves totémiques, réservés, comme l'accès aux lieux sacrés, aux seuls initiés.

De l'orangé de l'aube au violet du crépuscule en passant par toutes les nuances du cramoisi, Uluru offre un panel de couleurs splendide à toute heure, et se drape d'un manteau d'étoiles à la tombée du jour.

Également dans le parc national, les monts Olgas-Kata Tjuta (photo ci-contre), moins célèbres qu'Uluru, présentent aussi une forme arrondie caractéristique

• EXPÉRIENCE ROUTARD •

Il est interdit de gravir ou d'escalader le rocher ! De nombreuses activités sont cependant proposées dans le parc d'Uluru : du trek culturel avec guide au saut en parachute, en passant par une balade à dos de chameau ou une sortie d'observation des étoiles. Prévoir de l'eau et un bon budget car l'hébergement est cher dans la bourgade de Yulara-Ayers Rock, à 4 km de l'entrée du parc. Voiture quasi obligatoire, pas de bus, seul un shuttle fait le tour des sites remarquables. Un conseil pour éviter la foule : se poster aux Sunset Viewing areas à l'aube, et inversement aux Sunrise Viewing areas.

Warumungu (Australie)

Karlu Karlu

Devils Marbles, les billes du diable

Type
Curiosité géologique, site sacré

Situation
Région de Barkly, Outback austalien

Religion, civilisation
Culture aborigène

Quelques chiffres
Réserve de 1800 ha. Site sacré par l'Aboriginal Areas Protection Authority depuis 1982. Environ 137000 visiteurs par an.

Comment y aller
Vol jusqu'à Darwin ou Uluru puis de longues heures de voiture. La réserve est située à 100 km au sud de Tennant Creeks et 410 km au nord d'Alice Springs, sur la route de la mythique Stuart Higway qui relie le pays du nord au sud.

Formées il y a des milliers d'années au cœur du désert, cette gigantesque collection de rochers ronds est l'une des grands curiosités géologiques d'Australie.

Considéré comme un site sacré, ces blocs de rochers ronds se trouvent sur les terres ancestrales des aborigènes. Ils donnent l'impression de tomber du ciel et semblent défier les lois de la gravité tellement leurs équilibres paraissent fragiles...

Plusieurs légendes émanent de ces curieux et imposants rochers mais l'explication la plus probable, c'est que les rochers ont été façonnés par des millions d'année suite au durcissement du magma dans la croûte terrestre. Avec les forces tectoniques, le granit s'est dilaté, provoquant des fissures, qui elles-mêmes ont été érodées par l'eau. Cette curiosité géologique et cette atmosphère mystique en font un lieu incontournable. Chaque rocher est source de surprise et de ravissement, parfois un œuf, d'autre ressemblant à une pomme coupée en deux. Le plus beau panorama c'est : quand le ciel étoilé (outback) vient éclairer ces rochers...magie assurée...

LA LÉGENDE DU SERPENT ARC-EN-CIEL

Dans la culture traditionnelle du peuple autochtone Alayawarre, ces rochers ronds sont le résultat des œufs fossilisés du serpent arc-en-ciel du *Temps de rêve*, celui même qui a façonné la terre... qui était plate. Le serpent s'est réveillé en sursaut et a cassé la croûte terrestre... Les Alayawarre entretiennent toujours des liens spirituels très forts avec ce lieu. D'ailleurs, seuls les anciens sont autorisés à s'y rendre pour des cérémonies importantes.

AFRIQUE

Éthiopie

Églises rupestres du massif de Gueralta

Quand la foi perce les montagnes

Type
Églises rupestres

Situation
Le Tigré Oriental, massif de Gueralta

Religion, civilisation
Christianisme

Quelques chiffres
Datent du Ve siècle. 2 850 m d'altitude.

Âge d'or
Années 1960.

Comment y aller
À 2h env de Mekele – Bus puis marche

Dans l'un des plus vieux sanctuaires du monde, escalade, émotion et foi sont les maîtres-mots d'une excursion qui séduira les plus téméraires.

Au cœur du massif de Gueralta, dans un décor digne du Far West, une centaine d'églises sont creusées à même la roche. Moins réputées que leurs cousines de Lalibela, elles sont pourtant bien plus anciennes, puisque les premières auraient été construites dès le Ve siècle ! Ce n'est pourtant qu'à partir des années 1960 que les Occidentaux en prennent connaissance, lorsque des historiens décident de donner foi aux légendes en allant inspecter les lieux. Cette découverte majeure est tardive en raison de l'isolement de la région. Le voyageur pourra d'ailleurs s'en rendre compte assez rapidement. Là-bas, le temps semble s'être figé. Les paysans cultivent toujours leurs terres à la main, et aucun véhicule motorisé n'y accède.

Les chrétiens d'Éthiopie attribuent la construction de ces églises à un prêtre nomade qu'ils appellent Yemata. Ce dernier serait venu d'Orient avec huit autres missionnaires pour évangéliser les Éthiopiens. Mission réussie puisque, aujourd'hui encore, la population est à grande majorité chrétienne. En visitant le massif de Gueralta, on se retrouve donc dans le berceau même de la civilisation éthiopienne.

APPELEZ-MOI MAKEDA

À tous ceux qui souhaitent retrouver les traces de la merveilleuse reine de Saba, il semblerait que le massif de Gueralta soit une étape incontournable. Celle que les Éthiopiens appellent Makeda serait, en effet, née dans cette région. Un fait auquel les Éthiopiens sont très attachés puisqu'on retrouve son histoire dans de nombreux contes. La réalité historique autour de ce personnage est peut-être moins amusante puisqu'il est fort probable qu'elle n'ait jamais existé. André Malraux qui avait le sens de la formule dira d'ailleurs : « Les dieux seuls ont écrit sur elle. »

L'accès à ces églises n'est pas sans péril et se mérite. Pour atteindre Abune Yemata, l'une d'elles, escalade d'une paroi obligatoire avec un précipice de 200 m de haut ! Une église qui n'a pas volé son titre d'être parmi les plus effrayantes au monde ! Plusieurs hypothèses ont été avancées pour tenter d'expliquer ces situations pour le moins aventureuses. Certains pensent qu'il fallait avant tout protéger les églises des éventuels envahisseurs, d'autres rapprocher les fidèles du ciel. Dans tous les cas, une aura mystique s'en dégage. Croyants et pratiquants, les locaux n'hésitent d'ailleurs pas à braver le danger pour y faire baptiser leurs nouveau-nés.

• EXPÉRIENCE ROUTARD •

Pour se rendre dans ces églises, il est nécessaire de louer les services d'un guide expérimenté, qui connaît bien la géographie, la langue et la culture de la région. Certains sites de voyages proposent de prendre en charge votre excursion. Prévoir de bonnes chaussures de marche, qu'il faudra enlever à l'entrée des églises. Il est plutôt conseillé de partir en début d'année (janvier, février) pour bénéficier d'une météo optimale. Enfin, pour affronter les passages les plus audacieux, il faudra également vous armer de courage et de... foi, osons le dire.

Éthiopie

Aksoum

Le cœur de l'Éthiopie antique

Type
Site archéologique

Situation
Nord de l'Éthiopie

Religion, civilisation
Éthiopienne, orthodoxe

Quelques chiffres
Le plus haut obélisque encore debout fait 23 m de haut mais le plus grand mesure 35 m de haut… couché.

Âge d'Or
Du IIIe au Ve siècle.

Comment y aller
Vols réguliers en partance d'Addis-Abeba. Également des navettes au départ de Gondra, Aidgrad ou Mekele.

Aksoum est l'un des premiers grands royaumes chrétiens orthodoxes et le berceau de la civilisation éthiopienne.

UN OBÉLISQUE CONVOITÉ

Après la conquête de l'Éthiopie en 1937 par Mussolini, celui-ci demanda à ce que l'obélisque de 24 m de haut (actuellement le plus haut debout et un véritable symbole pour le peuple éthiopien) soit transporté à Rome (il était cassé en 5 morceaux) et remonté par ses troupes militaires. Après bien des tergiversations, ce n'est qu'en 2005 que l'Italie rapatrie et finance le transport et la réinstallation de l'obélisque.

Près de la frontière nord de l'Éthiopie avec l'Érythrée, les vestiges du royaume d'Aksoum marquent l'emplacement du cœur de l'Éthiopie antique, lorsque le royaume d'Axoum était l'État le plus puissant entre l'Empire romain d'Orient et la Perse. Il possède d'incroyables ruines archéologiques : 300 stèles géantes et pierres tombales (celle du roi Remhai est incontournable) ainsi que les immenses obélisques sculptés, de véritables joyaux. Le plus haut mesurait 35 m mais se tient désormais couché, là où certainement il a été érigé.

À quelques pas du site, l'église Sainte-Marie-de-Sion est la première église édifiée en Afrique au IVe siècle apr. J.-C. C'est sur le parvis de celle-ci que les empereurs éthiopiens venaient se faire couronner.

Un site enchanteur même si le mystère plane encore sur les origines de la fondation d'Aksoum.

Kenya

Mont Kenya

La montagne de l'autruche

Type
Volcan, mont

Situation
Centre du Kenya

Religion, civilisation
Civilisation maasaï

Quelques chiffres
Créé il y a environ 3 millions d'années ; point culminant à 5 199 m de hauteur ; 16 000 visiteurs par an.

Comment y aller
En bus, en voiture ou à pied. À quelques km de Nyeri, Nanyuki et Embu, à 150 km de la capitale Nairobi.

Deuxième plus haut sommet d'Afrique après le Kilimandjaro (5 892 m), ce volcan qui sommeille, né il y a 2,5 à 3 millions d'années, lieu saint du peuple maasaï, offre un panorama hors du commun.

Selon les croyances maasaï, c'est le dieu Engaï qui serait à l'origine de la montagne, tout comme c'est le cas de l'Ol Doinyo Lengaï, en Tanzanie ! La montagne, habitée par leur unique dieu, lui permettrait d'accorder bénédictions et châtiments à son peuple. Ainsi, les Maasaï accomplissent fréquemment des cérémonies traditionnelles et des pèlerinages sur cette montagne qui leur est sacrée, dans le but de remercier leur dieu pour sa générosité.

C'est au XIXe siècle, au moment des premières ascensions, que les pics les plus élevés reçoivent les noms de chefs maasaï renommés : Mbatiany (Baltian), Nelieng (Nelion) et Olonana (Lenana). Quant au nom « Kenya », il viendrait du mot wakamba *kiinyaa*, signifiant « la montagne de l'autruche », en raison de la couleur des pics : le blanc de la neige et le noir de la roche, rappelant le plumage de l'autruche mâle. À savoir, le mont Kenya est également à l'origine du nom de la République du Kenya !

En 1949, le parc national du mont Kenya est créé afin de protéger l'environnement, la biodiversité et le captage d'eau du mont, l'une des sources les plus importantes du pays. Le parc et sa réserve forestière sont inscrits au Patrimoine mondial de l'Unesco depuis 1997.

FUGUE AU KENYA

En 1942, des prisonniers de guerre italiens détenus dans un camp britannique au pied du mont Kenya s'échappèrent et entamèrent l'ascension de la montagne, avec très peu de moyens : une faible ration de nourriture et un matériel d'alpinisme plus qu'improvisé. Ils se fièrent, entre autres, à un dessin sur une étiquette de boîte de conserve… Ils atteignirent tout de même le pic Lenana… à 4958 m d'altitude ! Felice Benuzzi, le leader de ce trio d'alpinistes atypiques, a écrit le récit de cette aventure, un classique de la littérature de montagne : *Fugue au Kenya* (éd. Hoëbeke, 1999).

Mali

Grande mosquée de Djenné

Résurrection perpétuelle

Type
Mosquée

Situation
Région de Mopti (centre du Mali)

Religion, civilisation
Islam

Quelques chiffres
Bâtie au XIIIe siècle, reconstruite en 1907, c'est le plus grand édifice construit en terre crue (banco) au monde. Avec ses 20 m de haut, elle peut accueillir environ 1000 fidèles. Inscrite au Patrimoine mondial de l'Unesco depuis 1988.

Âge d'Or
Du XIIIe au XXe siècle.

Comment y aller
En voiture ou en bus. Compter 3h de route depuis Mopti, 4-5h depuis Ségou, 8h depuis Bamako. Mais pour le moment les voyages restent formellemnt déconseillés au Mali.

Édifice incontournable du Mali, cette mosquée est considérée comme l'un des symboles les plus remarquables de l'architecture soudano-sahélienne.

Construite sur les ruines d'une mosquée fondée à l'origine au XIIIe siècle, sous l'ordre du roi Koy Kunboro, la grande mosquée de Djenné a su renaître, comme le phénix, non pas seulement de ses cendres, mais aussi de ses ruines... et ce, à plusieurs reprises.

À la suite de sa conversion à l'islam, en 1238, le 28e roi de Djenné détruit son palais dans le but d'y construire une mosquée, aujourd'hui similaire en apparence. Le banco, un mélange répandu en Afrique de l'Ouest, fabriqué à base d'eau et de sable, nécessite un entretien auquel se prêtent volontiers les habitants de Djenné tous les ans.

La grande mosquée est détruite une première fois par le conquérant peul Amadou Lobbo qui estime l'édifice offensant pour l'islam par sa beauté. Le monument religieux, ne pouvant être détruit, est laissé à l'abandon et tombe en ruine au fil du temps, en raison des intempéries. Seule la partie contenant les tombes des chefs locaux est épargnée. La grande mosquée de Djenné est reconstruite à l'identique en 1896 avant d'être démolie une seconde fois.

ثم قال لي لقد عُنيتَ (١) ☆ فبما وُلّيتَ (٢) ☆ فارجِعْ من حيثُ جئتَ ☆

وقُلْ لِمُرْسِلِكَ إنْ شِئْتَ

رُوَيْدَكَ (٣) لا تُعْقِبْ جميلَكَ بالأذى (٤)

فتُضحي وشَمْلُ المالِ والحمدِ (٥) مُنْصَدِعُ (٦)

ولا تَتَغَضَّبْ من تَزَيُّدِ سائلٍ (٧) ☆ فما هو في صَوْغِ اللسانِ (٨) بِمُبْتَدِعِ (٩)

وإنْ تَكُ قد ساءَتْكَ مني خديعةٌ (١٠) ☆ فَقَبْلَكَ شيخُ الأشعريينَ قد خُدِعْ (١١)

فقال له القاضي قاتله الله فما أحسنَ شُجُونَه (١٢) ☆ وأملحَ (١٣) فنونه ☆

ثم أصحبَهُ رائدَهُ (١٤) بُرْدَيْن ☆ وصُرّةً من العين (١٥) ☆ وقال له سِرْ

سَيْرَ مَنْ لا يرى الإلتفات (١٦) ☆ إلى أن ترى الشيخ والفتاة ☆ فبُلّ (١٧)

---

(١) أي أتعبت (٢) أي فيما أمرت به (٣) أي تمهل وكن ذا حلم وتؤدة ولا تعجل فتندم
(٤) يشير الى قوله تعالى ثم لا يتبعون ما أنفقوا منا ولا أذى الآية (٥) أي اجتماع كل
منهما (٦) أي ممزق متفرق بسبب ما حصل من أذاك (٧) أي من الحاجة بكثرة
السؤال والتزيد الافتراء (٨) أي صياغته للكلام وتزيينه وفي الحديث هذه كذبة
صاغها الصواغون أي اختلقها الكذابون (٩) أي بأول من زين الكذب (١٠) وفي
نسخة خليقة أي خصلة نسيء كالخديعة (١١) أراد به أبا موسى الاشعري رضي الله
عنه واسمه عبد الله بن قيس تولى هو وعمرو بن العاص الحكومة بين علي
ومعاوية رضي الله عنهما في حرب صفين وكان هو من قبل علي كرم الله وجهه
فخدعه عمرو وكان من قبل معاوية رضي الله عنه والقصة مشهورة (١٢) أي طرفه
وفنونه (١٣) من الملاحة (١٤) أي جعل في صحبة طالبه (١٥) أي من الذهب أو الفضة
(١٦) أي سيرا سريعا (١٧) من البلل كناية عن الصلة

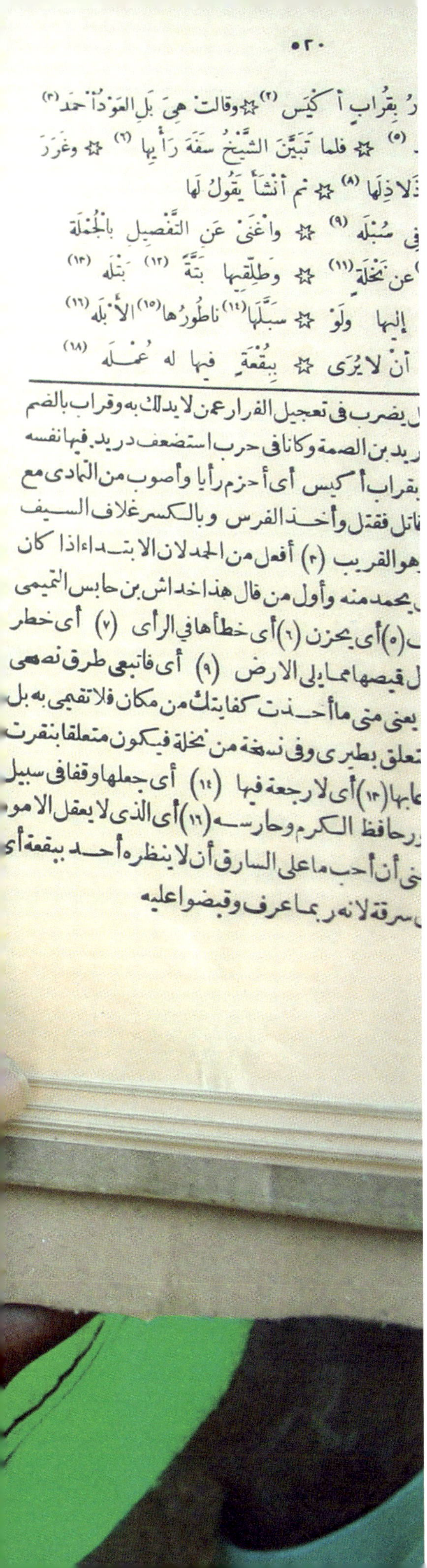

LA SOLIDARITÉ À L'HONNEUR

Chaque année, les habitants de Djenné se réunissent dès l'aube afin de participer au crépissage annuel de la Grande Mosquée, un monument construit en seulement un an ! Ce sont les volontaires (adultes comme enfants) qui fabriquent de leurs propres mains le banco, qui préserve l'aspect naturel de l'édifice. Célébré comme une grande fête, cet événement a pour but de renouveler et protéger la mosquée des intempéries. Sans cet entretien qui fait appel à la solidarité de chacun, le monument serait à reconstruire une nouvelle fois !

En 1907, avec l'aide financière des autorités françaises et sous la demande du marabout Almamy Sonfo, la grande mosquée acquiert sa forme finale (ou peut-être pas ?), celle que l'on peut contempler aujourd'hui. C'est Ismaïla Traoré, chef de la corporation des maçons de Djenné, qui supervise le chantier et inscrit l'édifice à la liste du Patrimoine mondial de l'Uneco en 1988. La grande mosquée de Djenné est aujourd'hui un lieu qui lie modernité et tradition. L'édifice préserve l'architecture traditionnelle de l'époque, tout en s'équipant technologiquement : elle est dotée d'électricité de source solaire depuis 2019.

• EXPÉRIENCE ROUTARD •

Idéalement, Djenné est à visiter en novembre ou décembre lorsqu'il ne fait ni trop chaud ni trop humide. En venant au mois d'avril, juste avant la saison des pluies, c'est surtout l'occasion d'assister au crépissage annuel du monument, et qui sait, peut-être même d'y participer ? Le monument, fermé aux non-musulmans, est à contempler depuis l'extérieur. Sublime à l'aube, lorsque la ville et les habitants se réveillent. Attention : pour l'heure, hélas, les voyages restent dangereux au Mali, et formellement déconseillés par le Quai d'Orsay.

Tanzanie

Ol Doinyo Lengaï

La montagne des Dieux

Type
Volcan, montagne sacrée

Situation
Région d’Arusha (nord-est de la Tanzanie)

Religion, civilisation
Civilisation maasaï

Quelques chiffres
2 960 m d’altitude.

Comment y aller
À 112 km d’Arusha et 160 km du Kilimandjaro.

Seul volcan actif de Tanzanie et unique en son genre, il est considéré comme un lieu sacré par la civilisation maasaï.

Entouré d’une savane luxuriante et du lac Natron, ce volcan exceptionnel à la forme conique produit une coulée de lave carbonatite, riche en carbonate de sodium et en potassium.

Surnommée « montagne des Dieux » par le peuple maasaï, le volcan serait habitée par Engaï, leur unique dieu. Selon les croyances, les Maasaï auraient été créés dans le but de prendre soin du bétail qu’Engaï leur a légué. Ainsi, de nombreux conflits ont eu lieu par le passé entre cette tribu et les tribus voisines, les Maasaï étant convaincus que le bétail qui ne leur appartient pas leur a donc été volé.

Les Maasaï effectuent régulièrement de longs pèlerinages sur la montagne, parfois accompagnés de leur bétail, qu’ils donnent comme offrande. En échange, Engaï apporte la pluie ou encore la fertilité, des femmes ou des terres ! Bien que le volcan offre une vue imprenable sur la vallée du Rift, il est rarement escaladé car il est très pentu et manque d’infrastructures.

GÉNÉROSITÉ MAASAÏ

En 2002, les habitants d'un village maasaï décidèrent d'offrir aux États-Unis 15 vaches, afin de manifester leur sympathie envers le peuple américain, après les attentats du 11 septembre 2001. L'ambassadeur américain de Nairobi accepta volontiers le présent, mais un petit problème subsistait : les règlementations sanitaires empêchaient le transport du bétail jusqu'aux États-Unis… On vendit donc les 15 bêtes, et l'argent de la vente servit à acheter des bijoux maasaï destinés à être exposés au Mémorial du 11-Septembre. Et tellement plus facile, question entretien.

Tunisie

Grande mosquée de Kairouan

Entre grandeur et décadence

Type
Mosquée

Situation
Sahel

Religion, civilisation
Islam

Quelques chiffres
Construite au VIIe siècle. Superficie de 9000 m^2 et minaret haut de 32 m.

Âge d'or
Au IXe siècle le rayonnement culturel de Kairouan s'étend sur tout le monde arabe.

À ne pas manquer
Festival des musiques sacrées durant la seconde quinzaine du ramadan.

Comment y aller
En bus, 2 h depuis Tunis ou 1 h depuis Sousse.

Appelée aussi jamâa Sidi Oqba, c'est le plus ancien édifice religieux du monde musulman occidental. C'est aussi l'un des plus riches artistiquement parlant.

Capitale spirituelle de la Tunisie, première ville sainte du Maghreb, quatrième ville sainte pour les musulmans sunnites, Kairouan fut fondée au VIIe siècle, au tout début de l'ère islamique. On la surnommait alors « la ville aux 300 mosquées ». Particulièrement florissante au Xe siècle sous la dynastie des Aghlabides, elle est cependant ruinée en 1057 par la tribu des Hilal. Au XIIIe siècle, elle renaît de ses cendres, mais ne retrouve toutefois une certaine importance qu'au XVIIe siècle.

Cette riche histoire est encore palpable derrière les hauts remparts de pierre qui entourent sa belle et vaste médina. Au détour des petits passages, on découvre la grande mosquée, une des perles de la Tunisie, qui servit de modèle à la construction de nombreuses autres mosquées, tant au Maghreb qu'en Andalousie. La lumière y est très particulière, un peu mystérieuse ; elle envoûtait déjà le peintre Paul Klee et l'écrivain Guy de Maupassant. Les non-musulmans sont autorisés à visiter la cour mais les trésors de la salle de prière ne sont malheureusement accessibles qu'aux musulmans.

TÉLÉPHONE ARABE

Voici l'origine de cette célèbre expression : malgré l'excavation dans le mur du fond de la mosquée (le mihrab) pour faire caisse de résonance, la voix de l'imam ne portait pas toujours assez loin. Pour relayer ses paroles et que les fidèles du fond puissent bien écouter la prière, des « assistants » se tenaient un peu partout dans la mosquée. D'un bout à l'autre de l'auditoire, ils répétaient les prières de l'imam… Aujourd'hui, ce « téléphone arabe » a été remplacé par des haut-parleurs, qui ne jouent vraiment pas le jeu puisqu'ils répètent tout sans rien déformer !

MOYEN-ORIENT

La Mecque (Arabie Saoudite)

Mosquée al-Harâm

La plus sacrée de toutes

Type
Mosquée,
lieu de pèlerinage

Situation
La Mecque

Religion, civilisation
Islam

Quelques chiffres
La Mecque reçoit plusieurs millions de fidèles chaque année. Le pèlerinage à La Mecque (*hadj*) est l'un des 5 piliers de l'islam, avec la profession de foi, les 5 prières quotidiennes, l'aumône et le ramadan.

Âge d'or
Depuis le XXe siècle, le pèlerinage à La Mecque connaît un essor grandissant.

Comment y aller
L'accès à La Mecque comme à Médine, considérées comme des villes à vocation purement religieuse, est strictement interdit aux non-musulmans.

C'est en direction de la Mosquée al-Harâm, le site le plus sacré de l'islam, que se tournent les musulmans du monde entier lors de leurs prières.

La Mecque, ville natale du prophète Mahomet, abrite la mosquée al-Harâm. Mais c'est surtout la Kaaba, trônant au cœur du sanctuaire, qui la rend si vénérée aux yeux des musulmans. Ce « cube » a succédé à un monument édifié, selon les versions, par Adam, ce qui en ferait donc la première construction sur terre, ou plus tardivement par Abraham. La Kaaba, symbole d'unité, célèbre le monothéisme. La Pierre noire enchâssée dans un mur de la Kaaba serait un don de l'archange Gabriel à Abraham.

Pour ratifier le *hadj*, le pèlerin doit se soumettre à un certain nombre de rituels : prière à l'intérieur de la mosquée sacrée, sept rondes autour de la Kaaba (« circumambulation »), cérémonie de la lapidation de Satan… S'il en a les moyens, tout musulman doit faire ce pèlerinage au moins une fois dans sa vie.

MAHOMET EN EXIL

La mosquée de Quba, près de Médine, est la première mosquée de l'histoire de l'islam. Selon la tradition millénaire, Mahomet avait laissé errer son chameau, persuadé que la monture saurait désigner l'endroit propice à la prière. Lorsque celle-ci s'agenouilla, Mahomet était certain d'avoir trouvé l'emplacement du futur lieu de culte. Depuis, la ferveur religieuse est restée intacte sur cette terre que l'auguste camélidé rendit sacrée.

Arabie Saoudite

Al-'Ulâ

Trésor d'Arabie

Type
Site archéologique

Situation
Province de Médine

Religion, civilisation
Préislamique

Quelques chiffres
La ville d'Al-'Ulâ, située à env 700 m d'altitude, s'étend sur 30 km entre 2 massifs de grès de plus de 100 m de haut.

Âge d'or
Déjà prospère sous la domination des royaumes de Dadan et de Lihyân, Al-'Ulâ s'est développée comme une oasis-carrefour sur la route de l'encens pendant la période nabatéenne, du Ier siècle av. J.-C. au Ier siècle apr. J.-C.

Comment y aller
À 300 km au sud de Tabuk et à 330 km au nord de Médine. Aéroport à Al-'Ulâ.

À la croisée des chemins et des civilisations, l'oasis d'Al-'Ulâ est un fabuleux témoignage archéologique de l'Arabie préislamique et l'un des rares sites avec une occupation humaine depuis le Néolithique.

Si l'Arabie saoudite évoque d'abord le pèlerinage de La Mecque, certains sites saoudiens méconnus restent encore à explorer. Le site d'Al-'Ulâ suscite aujourd'hui l'intérêt du royaume qui ambitionne, avec l'aide de la France, d'en faire un immense complexe archéologique d'ici 2030, dans le but de redorer son image et de diversifier son économie.

Avant la période islamique, la région d'Al-'Ulâ appartint successivement aux anciens royaumes d'Arabie du Nord, aux prospères commerçants Nabatéens et à l'Empire romain, sa frontière la plus au sud. Situé sur la célèbre route de l'encens, le site s'est révélé d'une grande importance dans le commerce des aromates, de la myrrhe, de la soie, du coton et même de l'ébène. En outre, son climat, favorable à une agriculture d'oasis, permit aux peuples de s'établir en plein désert.

Étourdissants canyons de grès, couleurs flamboyantes et horizons de sable infinis composent des paysages naturels à couper le souffle en plein cœur du désert. Al-'Ulâ passionne les archéologues, historiens et épigraphistes venus étudier des vestiges datant de la Préhistoire à nos jours. En effet, l'art rupestre y est important et les écritures gravées sur le grès d'une richesse inouïe, depuis l'araméen (la langue du Christ) jusqu'à l'arabe, en passant par le dadanite et autres écritures nord-arabiques, sans oublier le grec et le latin ! Une véritable bibliothèque, à déchiffrer à ciel ouvert.

Dans cette vallée s'étend l'antique cité nabatéenne d'Hégra, classée au Patrimoine mondial par l'Unesco depuis 2008 sous le nom de « site archéologique de Al-Hijr ». À l'image de Pétra en Jordanie, le site est célèbre pour ses vestiges de monuments funéraires à façades monumentales, taillées directement dans la roche.

LE PANTHÉON NABATÉEN

Prudents, les Nabatéens ont à la fois adopté les dieux de l'Arabie centrale, mais également le panthéon gréco-romain. Peuple commerçant et caravanier, les Nabatéens avaient besoin de la protection des dieux du négoce et des convois. Deux divinités d'origine arabe rendaient ce service : Al-Kutba, dieu de l'Écriture et du Commerce, et Shay el-Qaum, le protecteur des caravanes. Cette croyance eut cours jusqu'à La Mecque et ne déclina qu'avec l'apparition de l'islam.

• EXPÉRIENCE ROUTARD •

L'Arabie Saoudite délivre désormais des visas touristiques à 49 pays, dont la France. Une nouveauté pour ce pays qui n'autorisait jusqu'ici que les voyages pour motifs professionnels ou religieux. Ce visa de tourisme comprend une assurance voyage obligatoire. Il est valable un an et permet de passer jusqu'à 3 mois sur le territoire. Comme dans la plupart des pays arabes, l'entrée est refusée aux détenteurs de passeports sur lesquels figurent des tampons israéliens. Ces mesures sont susceptibles d'évoluer. Se renseigner.

Abu Dhabi (Émirats arabes unis)

Grande mosquée Cheikh Zayed

La mosquée blanche

Type
Mosquée

Situation
Au sud du golfe Persique

Religion, civilisation
Islam

Quelques chiffres
La mosquée s'étend sur 2,2 ha et peut accueillir jusqu'à 40 000 fidèles. Ses proportions sont délirantes : 4 minarets de 107 m, 82 dômes blancs dont 3 de 85 m, plus de 1000 colonnes, des lustres en cristal et le plus grand tapis tissé à la main du monde (5700 m^2 et 35 t).

Comment y aller
Vol direct depuis Paris jusqu'à l'aéroport international d'Abu Dhabi.

Véritable chef-d'œuvre de marbre et de cristal, la mosquée Cheikh Zayed est l'une des plus grandes mosquées au monde.

LA PÊCHE AUX PERLES

Pratiquée depuis un millénaire au moins dans le golfe Persique, la pêche aux perles atteignit son apogée dans les années 1900. On dénombrait alors quelque 1 200 bateaux consacrés à cette seule activité dans les ports des actuels émirats – Abu Dhabi, Dubaï, Sharjah et Ras al-Khaïma en particulier. C'est même en partie grâce à cette activité que certaines tribus bédouines abandonnèrent leur mode de vie semi-nomade pour se fixer sur la côte, favorisant le développement des villes.

Entre le golfe Persique et le désert du Rub al-Khali, le miracle de l'or noir a fait de ce néant séculaire un géant planétaire : l'émirat d'Abu Dhabi est richissime et ne manque pas de le faire savoir. Sa volonté de devenir capitale culturelle le distingue, de même que l'ampleur de certains de ses chantiers, telle que la colossale et splendide mosquée Cheikh Zayed.

Née de la volonté du père du cheikh actuel, elle a été achevée en 2007 dans une débauche de cristal d'Autriche et de marbres d'Italie, de Grèce et de Chine. La cour est entièrement décorée d'un pavement floral en marqueterie de marbres, sans parler des dômes, colonnes et minarets qui composent l'ensemble, sublime. Des maîtres artisans venus du monde entier y ont travaillé. Le site est accessible aux non-musulmans et les visites guidées y sont gratuites.

Bethléem (Cisjordanie)

Basilique de la Nativité

Le berceau du christianisme

Type
Basilique

Situation
Au sud de Jérusalem, Cisjordanie

Religion, civilisation
Christianisme

Quelques chiffres
Construite en 326.

Âge d'or
XIIe siècle.

Quand y aller
La messe de Noël dans l'église Sainte-Catherine.

Comment y aller
En bus depuis Jérusalem (40 mn environ).

Lieu de naissance du Christ, la basilique de la Nativité est l'une des plus anciennes églises du monde et le deuxième Lieu saint des chrétiens après Jérusalem.

C'est Hélène, la mère de Constantin, qui, en visitant la Terre sainte en 326, décide d'ériger une basilique à l'emplacement présumé de la grotte de la Nativité. En 529, les Samaritains la détruisent ainsi que de nombreux édifices religieux. On doit sa reconstruction à l'empereur Justinien dès 540. Il la veut belle et spacieuse, à même de rivaliser avec les plus beaux sanctuaires de Jérusalem. À partir de cette date, le Lieu saint sera « miraculeusement » épargné par les conflits successifs.

Au XIIe siècle, les croisés la protègent avec une muraille qui lui confère depuis une allure de forteresse. Cette période correspond à un âge d'or pour l'embellissement de la basilique : les Francs la couvrent d'un plafond de cèdre, de pavements de marbre blanc, de peintures et de mosaïques. Malheureusement, le temps et les différentes invasions mameloukes, ottomanes, puis turques lui font perdre ses ornementations et sa richesse. Et, malgré une restauration au XIXe siècle, il est aujourd'hui difficile d'imaginer la splendeur passée de l'édifice.

PEACE AND LOVE

Comme la basilique du Saint-Sépulcre à Jérusalem, celle de Bethléem est partagée entre les Arméniens, les Grecs orthodoxes et les Latins. Il fallut même un décret, pris par l'Autorité ottomane en 1852, pour établir strictement ce partage. Tout y est codifié : le parcours des processions, les heures des messes, l'attribution des chandeliers… Toute restauration doit être acceptée par les trois communautés, ce qui est loin d'être simple. D'ailleurs, il est déjà arrivé (récemment) que des religieux se bagarrent à coups de balais !

28° 33' 21'' N, 33° 58' 34'' E

Sinaï (Égypte)

Monastère Sainte-Catherine

Le joyau du Sinaï

Type
Monastère

Situation
Désert du Sinaï, sud de l'Égypte, superficie de 60 100 ha

Religion, civilisation
Orthodoxe

Quelques chiffres
1570 m d'altitude, fondé au VIe siècle, inscrit en 2002 au Patrimoine mondial de l'Unesco.

Âge d'or
Moyen Âge (haut lieu de pèlerinage).

Comment y aller
En bus de Charm el-Cheikh (2h environ). En taxi de Sainte-Catherine.

Planté au cœur du Sinaï, telle une forteresse, voici le plus ancien monastère chrétien toujours en activité.

Au VIe siècle, afin de protéger les moines venus méditer autour du buisson ardent, l'empereur byzantin Justinien Ier fait construire un monastère, tout d'abord appelé monastère de la Transfiguration. Il change de nom au IXe siècle après la découverte du corps de sainte Catherine d'Alexandrie sur une montagne voisine.

Des califes arabes au général Bonaparte, en passant par les chevaliers croisés et les sultans turcs, tous prirent le monastère sous leur protection, le préservant ainsi du pillage. Le prophète Mahomet lui-même, après y avoir séjourné, lui accorda sa bénédiction dans son fameux « achtinamé ».

On trouve d'ailleurs une mosquée dans l'enceinte, construite en 1381 par un sultan mamelouk.

À l'intérieur de ce véritable joyau du Sinaï, on chemine dans un étonnant dédale de couloirs voûtés, de passages découverts et de courettes ornées de cyprès, d'arbustes, de fleurs, et même de vignes en espalier. Et l'on découvre, émerveillé, des icônes byzantines datant pour certaines du VIe siècle ! Le monastère est également connu pour sa bibliothèque qui contient des volumes particulièrement anciens, dont le Codex Sinaiticus Syriacus, une version syriaque de l'évangile selon saint Luc datant du Ve siècle.

L'ÉVÊQUE VOLEUR

L'église de Sainte-Catherine est le seul endroit au monde où l'on peut suivre l'évolution du style et de la fabrication des icônes sur plus de 1000 ans, du VIe au XVIe siècle. Pour la petite histoire, au XIXe siècle, l'évêque Porphyre Ouspensky, de Kiev, qui admirait tant ces icônes, ne put résister à la tentation d'en emporter secrètement quatre, dont un tétraptyque représentant 12 grandes fêtes. Elles font aujourd'hui partie des collections du musée de Kiev. Le vol est un péché… mortel.

Louxor (Égypte)

Temples de Karnak

La demeure du dieu Amon

Type
Site archéologique

Situation
Rive est du Nil

Religion, civilisation
Polythéisme, Égypte antique

Quelques chiffres
La majeure partie du site fut bâtie sous le Nouvel Empire (1580-1160 av. J.-C.). Avec ses 102 m de long et 53 m de large, sa forêt de 134 colonnes hautes de 23 m et de 10 m de circonférence, la salle hypostyle est le clou de la visite.

Comment y aller
À 3 km au nord de Louxor. Accessible à vélo, en taxi, en calèche, à pied (mais c'est tout de même bien long) ou en microbus.

Sur la même rive que Louxor, Karnak est sans nul doute le site religieux le plus grandiose de toute l'Égypte pharaonique.

Bienvenue dans la maison terrestre du dieu Amon. Son seul vrai serviteur, le pharaon, suit chaque jour un rituel très précis. À l'aube, le dieu est éveillé en musique, parfumé, encensé. Pendant la journée, il reçoit des offrandes. Le soir, le pharaon referme les portes du naos, loge en pierre taillée où trône la précieuse statue du dieu, avant de s'éloigner à reculons. Le dieu s'assoupit.

Chaque pharaon a contribué à l'embellissement du site afin d'associer son nom à celui du dieu ; si bien que Karnak a été en continuelle transformation (un symbole de foi). Cela dit, certains pharaons firent place nette en détruisant les ouvrages de leur prédécesseur, rendant de fait impossible leur voyage dans l'au-delà... Ainsi, il n'existe plus aucune trace d'Akhenaton à Karnak. Ce pharaon voulait remplacer le culte d'Amon par celui d'Aton, les prêtres ne le lui ont jamais pardonné !

Datant de 4 700 ans, Karnak reste la plus grande structure religieuse jamais bâtie au monde. Il ne s'agit pas seulement d'un temple, mais d'un gigantesque complexe religieux qui s'organise en trois ensembles : le temple d'Amon au centre, celui de Mout son épouse au sud et, au nord, celui de Montou, le dieu de la Guerre. On peut y ajouter à l'est, la zone consacrée à Aton, construite sous Toutankhamon.

SORTEZ DE VOS CACHETTES !

Au début du XXe siècle, l'archéologue Legrain découvrit à Karnak, dans ce que l'on appellera plus tard la cour de la Cachette, près de 800 statues de grande taille et 17 000 statuettes en bronze qui n'étaient plus utilisées dans le temple. En effet, chaque nouveau pharaon faisait un peu le ménage avant d'aménager le temple à sa guise. La plupart des statues sont au musée du Caire, mais on pense qu'il doit y avoir encore beaucoup d'autres cachettes… mieux cachées.

Chaque ensemble est composé d'un temple principal au centre, dédié au dieu, où seuls les grands prêtres étaient admis. Autour s'étendent d'autres petits temples, de tailles et de formes différentes, ainsi qu'un lac sacré où se déroulaient les cérémonies.

Aux abords de Karnak s'étendait autrefois sur des milliers d'hectares l'antique Thèbes. Enfouie sous des mètres de limon du Nil, cette cité antique n'a pas encore été explorée par les archéologues.

• EXPÉRIENCE ROUTARD •

La salle hypostyle est un moment fort de la visite de Karnak. Recouverte d'un toit, cette forêt de colonnes colorées et massives symbolisait aux yeux des Anciens un marécage de papyrus rappelant les rives du Nil inondées chaque année par la crue du fleuve. Et de fait, chaque année, en été, les eaux envahissaient les soubassements de la salle. Dans les deux rangées du milieu, les papyrus éclosent car ils se rapprochent du soleil. Sublime.

30° 02' 42'' N, 31° 15' 50'' E

Le Caire (Égypte)

Mosquée d'al-Azhar

La florissante maison du savoir

Type
Mosquée, université

Situation
Sud du Khan Al-Khalili, quartier d'al-Azhar

Religion, civilisation
Islam

Quelques chiffres
Construite en 970-972. Superficie de 1 ha, 5 minarets, 380 colonnes.

Âge d'or
Du XIVe au XVe siècle.

Comment y aller
En métro (ligne 3) depuis l'aéroport et marche de 15 mn depuis la station Bab El Shaaria.

Principale institution sunnite au monde, la mosquée al-Azhar exerce depuis plus de mille ans une influence politique et religieuse de grande ampleur sur le monde arabo-musulman.

ET LES ANCIENS ESCLAVES PRIRENT LE POUVOIR

À l'origine, les mamelouks sont les membres d'une milice formée d'anciens esclaves. En 1250, choqués par les erreurs politiques de leur maître, ils prirent le pouvoir. Ils afficheront quand même 49 sultans au hit-parade avant d'être chassés en 1517 par les Ottomans après plus de deux siècles et demi de règne !

Son destin est étroitement lié à celui du Caire puisqu'elle est construite seulement trois ans après la fondation de la ville par les Fatimides. Ces derniers, ayant envahi l'Égypte en 969, souhaitent établir alors un califat chiite pour mieux s'opposer à l'autorité sunnite de Bagdad. C'est la raison pour laquelle on ajouta à la mosquée une université formant des missionnaires experts en théologie.

Tout au long des siècles, al-Azhar sera réaménagée, modifiée et agrandie selon les différents pouvoirs. Si au XIIe siècle les Ayyoubides la délaissent, les Mamelouks, eux, réinvestissent les lieux, et n'hésitent pas à engager de grands moyens pour en faire un bastion de l'enseignement des sciences islamiques, sunnites cette fois. Après de nombreuses réformes, elle est aujourd'hui l'université la plus grande du monde musulman et accueille des étudiants du monde entier.

Le Caire (Égypte)

Pyramides de Guizèh

« Du haut de ces pyramides, quarante siècles vous contemplent ! »
Napoléon Bonaparte

Type
Pyramides

Situation
Rive ouest du Nil

Religion, civilisation
Polythéisme,
Égypte antique

Quelques chiffres
Édifiée pendant l'Ancien Empire (2700-2350 av. J.-C.), cette nécropole compte, en fait, une bonne centaine de pyramides.

À ne pas manquer
Assister en soirée au spectacle son et lumière, avec des textes d'André Malraux qui épousent à merveille lasers et effets spéciaux. Emporté par le rêve, on a même l'impression que le Sphinx parle !

Comment y aller
À 15 km au sud-ouest du centre du Caire. Accessible en bus ou en taxi.

Édifiées il y a plus de 4 500 ans, les pyramides de Guizèh symbolisent toute la grandeur et le génie de la civilisation égyptienne.

Contemplées par les voyageurs depuis la nuit des temps, les pyramides de Guizèh fascinent toujours autant. Si elles intriguaient déjà les savants de l'Antiquité, leur construction demeure encore un grand mystère pour les archéologues.

À sa mort, le corps du pharaon était transporté sur une barque funéraire (on en a retrouvé une près de Khéops) jusqu'au temple de la Vallée pour y être embaumé. La momie était ensuite acheminée vers le temple funéraire situé au pied de la pyramide, pour y recevoir les ultimes rites funéraires. Elle rejoignait enfin sa dernière demeure au cœur de la pyramide, véritable transition entre la terre et le ciel, permettant à son âme de s'envoler vers Rê, le dieu Soleil. Parfois, de petites pyramides secondaires étaient destinées aux épouses royales.

Dans cette vaste nécropole, les trois pyramides les plus spectaculaires sont celles de Khéops, Khéphren et Mykérinos, exactement alignées sur les trois étoiles de la galaxie d'Orion. La pyramide de Khéops est la plus imposante. On y pénètre par un boyau étroit percé jadis par des pilleurs de tombes. Élevée au sud-ouest, la pyramide de Khéphren est l'œuvre du fils de Khéops. Elle paraît plus grande que cette dernière car elle est construite sur un socle surélevé. Enfin, la pyramide de Mykérinos, plus discrète, n'est pas moins impressionnante. Elle fut élevée pour le fils de Khéphren et petit-fils de Khéops.

UNE PURE MERVEILLE

La liste des Sept Merveilles du monde aurait été établie au IIIe siècle av. J.-C. Elle désignait les monuments du monde gréco-romain particulièrement remarquables, considérés comme… parfaits. Un doute subsiste quant à l'existence de certains monuments, comme les jardins suspendus de Babylone en Irak. En revanche, une certitude : la pyramide de Khéops est bien la seule des Sept Merveilles du monde antique que l'on peut encore admirer aujourd'hui, avec les ruines du temple d'Artémis à Éphèse en Turquie.

Taillé dans un rocher calcaire, le Sphinx, assis à l'est de la pyramide de Khéphren depuis 2 500 av. J.-C., veille sur le plateau de Guizèh. Tourné vers le levant, ce monument est le plus célèbre et le plus mystérieux de toute l'Égypte. Si sa barbe est aujourd'hui encore au British Museum de Londres, son nez, quant à lui, fut dégommé par les tirs des mamelouks, et non par… Obélix !

• EXPÉRIENCE ROUTARD •

L'idéal est de visiter le site dès le petit matin à la fraîche, le seul moment où le soleil éclaire la face du Sphinx. Et si vous souhaitez ne consacrer qu'une seule journée aux différents sites des environs du Caire, voilà un itinéraire idéal pour suivre l'évolution de l'architecture des pyramides : Dahchour, Saqqarah, un petit crochet par Memphis, pour finir par Guizèh dans l'après-midi.

Irak

Grande mosquée de Samarra

Un vestige de l'art abbasside

Type
Site archéologique

Situation
Sur la rive gauche du Tigre, à 130 km au nord de Bagdad

Religion, civilisation
Islam

Quelques chiffres
La grande mosquée fut édifiée en 847. Elle est entourée de murs de 10 m de haut avec 16 portes extérieures. À l'intérieur, les fouilles ont révélé 17 nefs dans la salle de prière.

Âge d'or
La ville fut capitale du califat abbasside de 836 à 892.

Quand y aller
La situation du pays étant instable, tout voyage en Irak est fortement déconseillé.

Dans un paysage désertique, la grande mosquée de Samarra est l'un des plus emblématiques témoignages de l'art abbasside.

UN MINARET UNIQUE

La grande mosquée de Samarra est connue pour son incroyable minaret en spirale hélicoïdale (*malwiya*). Culminant à 52 m de haut, sa rampe spiralée grimpe sur 5 étages. Tout en haut, un espace accueillait probablement le muezzin, chargé d'appeler les fidèles à la prière. La forme du minaret aurait inspiré de nombreuses représentations de la tour de Babel, évoquée dans la Bible. La légende raconte que le calife Al-Mutawakkil serait monté jusqu'au sommet à dos d'un âne blanc !

La ville de Samarra connut son heure de gloire au IXe siècle quand le calife abbasside Al-Mutasim y déplaça la capitale depuis Bagdad. C'est à l'un de ses successeurs, le calife Jafar al-Mutawakkil, que l'on doit l'édification de nombreux monuments, dont plusieurs palais, la mosquée Abu Dulaf et la grande mosquée. Les innovations architecturales de ces constructions deviendront une référence dans le monde de l'art islamique.

Aujourd'hui, il ne subsiste de la grande mosquée que les vestiges de ses hautes murailles, laissant deviner ses gigantesques proportions et son minaret. Le site n'en demeure pas moins fascinant. La vieille ville de Samarra a été classée au Patrimoine mondial en péril de l'Unesco en 2007, à la suite d'endommagements causés par les conflits entre sunnites et chiites.

Iran

Grande mosquée d'Ispahan

Un chef-d'œuvre de l'art islamique

Type
Mosquée

Situation
Asie centrale

Religion, civilisation
Islam

Quelques chiffres
La mosquée couvre une superficie de plus de 20000 m^2. Les origines de l'édifice remontent au IXe siècle. Elle comprend une cour à 4 iwans (salles voûtées), rappelant les palais sassanides.

Âge d'or
La mosquée a été particulièrement transformée au XVIIe siècle sous la dynastie des Safavides.

Comment y aller
Depuis Paris, vol vers Ispahan via la Turquie.

La mosquée d'Ispahan, le plus ancien édifice du genre en Iran, a servi de modèle à la construction de mosquées partout en Asie centrale.

À mi-chemin entre la mer Caspienne et le golfe Persique, le nom de la ville d'Ispahan signifie la « moitié du monde ». Dans cette ville toute de bleu vêtue s'exprime toute la splendeur architecturale perse. Outre la grande place de l'Imam, incontournable, de nombreux monuments déploient des architectures remarquables.

Située dans le cœur historique de la ville, la Grande mosquée d'Ispahan, aussi appelée « mosquée du Vendredi », est le résultat de plusieurs reconstructions successives. Sur près de douze siècles, chaque dynastie, des Seldjoukides aux Qadjars, a ajouté sa pierre à l'édifice. La mosquée, agrandie, transformée et ornée de différents motifs décoratifs, illustre à merveille toute la complexité de l'évolution de l'art islamique à travers les âges. Elle est classée au Patrimoine mondial par l'Unesco depuis 2012.

LA POLITESSE À L'IRANIENNE

Les Iraniens pratiquent le *taarof*, une formule de courtoisie assez étonnante. Par exemple, ils refusent toujours une invitation ou un paiement, il faut alors insister. De même, avant de passer une porte ou de descendre du métro, ils se prient les uns les autres de passer en premier par un *befarmeid*. Un rituel auquel il convient de se plier.

Rappelons quand même que, malgré un dégel des relations de l'Iran avec l'Occident ainsi qu'une légère reprise du tourisme, la situation des droits de l'Homme reste, quant à elle, dramatique.

Jérusalem (Israël-Palestine)

Mur occidental (ou mur des Lamentations)

Lieu saint de la foi juive

Type
Mur

Situation
Quartier juif de la vieille ville de Jérusalem

Religion, civilisation
Judaïsme

Quelques chiffres
Long de 150 m et haut de 15 m.

Âge d'or
Depuis plus de 2 millénaires.

Comment y aller
À pied. En plein cœur de la vieille ville.

Le mur occidental est l'endroit le plus proche du Rocher, où, d'après les écrits, Dieu se révéla à Abraham (l'Alliance).

Jérusalem (Yeroushalayim) signifie en hébreu « ville de Paix », ou encore « la Paix apparaîtra » ou « La Sainte ». Ville sacrée des trois religions monothéistes, il y règne une énergie mystique palpable… et pourtant elle n'a cessé d'être détruite et reconstruite avec ses propres pierres.

Le mur occidental (ou Hakotel) est un morceau de mur, haut de 15 m environ, long d'à peine 150 m, et composé de gros blocs de pierre calcaire devant lequel des foules de fidèles viennent prier. C'est le site le plus sacré pour les juifs. C'est ce qu'il reste du mur d'enceinte du second temple commandé par Hérode et détruit en l'an 70 par les troupes romaines de Titus. Des fondations, en somme, mais pas n'importe lesquelles puisqu'il s'agit là du soubassement occidental du temple qui se tenait autrefois au-dessus (là où se trouve aujourd'hui le Dôme du Rocher, Lieu saint de l'islam). Ce temple, centre de gravité de l'univers religieux et spirituel des juifs, ne fut jamais reconstruit. Selon la tradition biblique, il ne pourra l'être qu'après le retour du Messie.

LE PREMIER POLITICIEN NON VIOLENT

Saint François d'Assise refusa la brutalité des croisades. Il rencontra le sultan Al-Kamil en 1219 qui détenait l'accès aux Lieux saints. Le fondateur de l'ordre des Franciscains eut toute liberté pour créer des écoles et des logements, sans distinction de religion. Ainsi, les franciscains bénéficièrent toujours de l'accès à Jérusalem, même pendant les périodes d'interdiction aux autres chrétiens.

Jérusalem (Israël-Palestine)

Dôme du Rocher

Un monument unique de la culture islamique

Type
Monument, dôme

Situation
Vieille ville de Jérusalem

Religion, civilisation
Islam

Quelques chiffres
Construction en 691 et 25 m de hauteur.

Âge d'or
Ier siècle.

Comment y aller
Situé dans le centre de la vieille ville. À pied.

Construit en 691 au cœur de Jérusalem, ce sanctuaire est le troisième Lieu saint de l'islam après La Mecque et Médine.

Site doublement sacré, c'est en ces lieux qu'Abraham se serait préparé à sacrifier son fils Isaac et que Dieu y aurait transporté Mahomet sur un cheval ailé depuis La Mecque avant sa montée au ciel.

En 1104, le site fut requalifié en abbaye canoniale *Templum Domini* par les croisés. Il fut construit au point le plus haut de la ville pour surplomber les monuments sacrés juifs et chrétiens et imposer ainsi l'islam comme la dernière religion monothéiste.

Le but confié aux architectes ? Rivaliser en beauté avec le Saint-Sépulcre, la magnifique basilique édifiée par Constantin 3 siècles plus tôt. Sa forme octogonale, à mi-chemin entre le carré et le cercle, marque la transition entre les mondes terrestre (carré) et divin (cercle). Le dôme présente, quant à lui, un cercle parfait, brillant de mille éclats grâce à son revêtement en or.

À l'intérieur, la coupole de 30 m de haut domine un déambulatoire à 12 colonnes richement ornées qui entoure le rocher. La partie inférieure est plaquée de marbre aux veinures esthétiques, la partie supérieure est tapissée de mosaïque de verre. Une inscription koufique ceint les murs. Elle s'adresse aux juifs et aux chrétiens (les gens du Livre) pour leur affirmer la suprématie de l'islam. La barrière en bois qui protège le rocher date de 1196. Sous le rocher, une grotte sert de lieu de prière.

COMMENT RÉÉCRIRE L'HISTOIRE… OU PRESQUE ?

Le Dôme du Rocher fut construit en 691 par le calife omeyyade Al-Malik, comme l'atteste une inscription à l'intérieur de l'édifice. Un souvenir que le calife abbasside Al-Mamoun ne manqua pas d'effacer 120 ans plus tard lors de son accession au pouvoir, en gravant son nom à la place de son prédécesseur. Il oublia juste un petit détail : modifier la date !

Jérusalem (Israël-Palestine)

Mont des Oliviers

Sainte colline

Type
Colline sacrée

Situation
À l'est de Jérusalem

Religion, civilisation
Christianisme, judaïsme et islam

Quelques chiffres
8 oliviers du jardin Gethsémani ayant près de 2000 ans auraient été témoins de la dernière prière de Jésus avant la trahison de Judas. Dans le cimetière juif, les plus anciennes tombes dateraient du IVe siècle av. J.-C.

Âge d'or
Pour les 3 religions abrahamiques, c'est le lieu du Jugement dernier, c'est pourquoi la proximité de la porte Dorée a toujours été recherchée par la population de Jérusalem pour y ensevelir ses morts.

Comment y aller
À pied ou en bus n° 275.

Culminant à plus de 800 m d'altitude, le mont des Oliviers est l'une des collines sacrées de Jérusalem et un important lieu de sépultures et de prières.

Le sommet du mont des Oliviers est vénéré par les chrétiens pour avoir été le lieu où Jésus-Christ « fut enlevé au ciel », 40 jours après sa mort, épisode évangélique plus connu sous le nom d'Ascension. Mais le mont est aussi une colline sacrée de la tradition hébraïque, car c'est là que se trouve le plus ancien et l'un des plus vastes cimetières juifs du monde.

C'est au lever du jour, quand s'illuminent doucement les remparts, quand les colombes prennent leur premier envol, que la vue du site est la plus saisissante. Le long des pentes du mont des Oliviers s'égrènent de nombreux sites historiques, églises, mosquées et jardins, et c'est depuis l'hôtel des Sept-Arches, au sommet, que l'on admire l'un des plus beaux panoramas sur la vieille ville de Jérusalem.

BENOÎT ET LE PÉLICAN

La croix comme symbole du christianisme naît au IVe siècle, mais c'est seulement à partir du VIe siècle qu'elle entre véritablement dans les églises. Avant, les premiers chrétiens assimilaient Jésus à un pélican, issu du mot Abraham (en hébreu, *Ab* signifie « père », et *Rarham* « pélican »), du fait que cet oiseau se saigne pour nourrir ses petits, symbolisant de ce fait l'eucharistie.

Jérusalem (Israël-Palestine)

Basilique du Saint-Sépulcre

Le lieu de la crucifixion du Christ

Type
Basilique

Situation
Vieille ville de Jérusalem

Religion, civilisation
Christianisme

Quelques chiffres
En 1927, un tremblement de terre provoque d'importants dégâts, le Saint-Sépulcre étant situé sur une faille sismique. Les 3 communautés religieuses monothéistes s'entendent pour assurer les réparations, de même qu'en 1960, 2016 et 2019 pour différents travaux plus lourds.

Âge d'or
Lieu de pèlerinage chrétien depuis le IVe siècle.

Comment y aller
Accès insolite ! Depuis la Via Dolorosa, repérer les escaliers au niveau du panneau « Coptic Orthodox Church » qui mènent directement sur le toit de la basilique.

Située sur le lieu présumé du Calvaire, la basilique du Saint-Sépulcre attire chaque année des millions de pèlerins venus du monde entier.

À l'époque de Jésus, le Golgotha se trouve à l'extérieur de la ville. Après la destruction de la ville par les Romains au Ier siècle, une nouvelle cité voit le jour sous l'empereur Hadrien qui place le Golgotha au cœur de la vieille ville. La tombe du Christ est alors recouverte par un temple dédié à Vénus. Il faut attendre le IVe siècle et la conversion au christianisme de l'empereur Constantin pour que la roche du Golgotha et le tombeau du Christ soient redécouverts.

Résultat de plusieurs reconstructions, la basilique du Saint-Sépulcre regorge de merveilles : le tombeau du Christ, la crypte Sainte-Hélène et le rocher où fut découvert la croix. Le tout recouvert de dorures, de mosaïques et de peintures naïves.

AIMEZ-VOUS LES UNS LES AUTRES ?

À l'intérieur du Saint-Sépulcre, six églises chrétiennes se disputèrent les Lieux saints. Après une multitude de bagarres (et même de meurtres !), le partage de l'espace fut figé par le statu quo de 1852 imposé par le sultan ottoman Ayoub… avec beaucoup d'inégalités. En revanche, la surveillance de la porte principale (question de sécurité) est confiée depuis des siècles aux deux mêmes familles musulmanes…

30° 19' 45'' N, 35° 26' 37'' E

Wadi Musa (Jordanie)

Pétra

Un diamant de grès rose

Type
Cité troglodytique

Situation
Proche-Orient

Religion, civilisation
Nabatéenne

Quelques chiffres
Sur les 80 km² que couvre le site, seuls 10 à 15 % des monuments ont été découverts, l'essentiel étant encore enterré sous le sable.

Quand y aller
Le printemps et l'automne sont les meilleures saisons pour visiter le site, ouvert dès 6h le matin.

Comment y aller
Gare routière à Wadi Musa. Des navettes gratuites existent depuis les hôtels de Wadi Musa.

La cité troglodytique de Pétra est l'un des plus beaux sites archéologiques du Proche-Orient, surtout le matin dans le silence et la lumière de l'aube.

Le site de Pétra demeure le témoignage le plus frappant de la civilisation nabatéenne. Ce peuple apparaît dans la région entre le VIe et le IVe siècle avant J.-C. Nomades, ils profitent des troubles en terres édomites (l'actuel sud de la Jordanie), causés par les Babyloniens et les Perses, pour s'infiltrer sur plusieurs sites, dont Gaïa (Wadi Musa) et Pétra. Ils se sédentarisent peu à peu et développent avec l'Arabie le commerce de la myrrhe, de l'encens et des épices. La forteresse naturelle de Pétra, dont la position stratégique est indéniable, sert d'entrepôt pour leurs marchandises.

Pétra est une double merveille. Naturelle d'abord, avec ses longs canyons, ses falaises et ses belvédères, ses grès rose, rouge, jaune et bleu dessinant de sublimes tableaux. Architecturale ensuite, avec ses vastes tombeaux creusés et sculptés à même la roche. Mais Pétra tire également son originalité d'une magnifique synthèse des styles grec, romain et alexandrin. Question « alexandrins », la cité ne manque d'ailleurs pas de poésie…

La magie des lieux a évidemment inspiré artistes et aventuriers. Bien des héros y ont traîné leurs babouches… Dans *Coke en stock*, Hergé y situe les retrouvailles entre Tintin et l'émir du Khemed, père de l'infernal Abdallah. Spielberg y cache le Saint-Graal : dans *La Dernière Croisade*, Indiana Jones franchit les pièges dissimulés dans le Khazneh pour rapporter le miraculeux breuvage à son père (Sean Connery).

VOUS AVEZ DIT SAIGNANT ?

Agatha Christie découvrit Pétra alors qu'elle accompagnait son second mari, un archéologue. Fascinée par les couleurs de ses falaises qu'elle comparait à des tranches de rosbif saignant, elle y situa *Rendez-vous avec la mort*, en 1937, célèbre polar dans lequel Hercule Poirot doit résoudre un meurtre qui a lieu à Pétra. Le site avait su attiser l'imagination fertile de la romancière.

Classé au Patrimoine mondial de l'Unesco depuis 1985, Pétra ne se résume pas à ses monuments. C'est aussi une cité étonnante, truffée d'habitations troglodytiques, certaines encore habitées en cachette ! Les Bédouins, presque plus nombreux que les touristes, apportent ces étincelles de vie qui manquent à tant d'autres sites archéologiques.

• EXPÉRIENCE ROUTARD •

Le Siq est la voie d'accès à la cité de Pétra, une longue faille cachée dans les montagnes. Cette gorge, longue de 1,2 km, profonde d'une centaine de mètres, est particulièrement étroite. La progression dans cet impressionnant canyon ressemble à une quête initiatique où l'on découvre soudain le Khazneh, « le Trésor », tombeau entièrement sculpté dans la roche. On conseille d'y aller très tôt le matin, pour être les premiers arrivés et voir le soleil se lever... Fantastique ! Possibilité de monter à dos d'âne jusqu'au monastère ou au haut lieu du Sacrifice.

Istanbul (Turquie)

Sainte-Sophie

La Sagesse Divine

Type
Basilique chrétienne orthodoxe byzantine, puis mosquée puis musée puis à nouveau mosquée

Situation
Quartier de Sultanahmet

Religion, civilisation
Empire byzantin

Quelques chiffres
Construite de 532 à 537, coupole à 55,6 m au-dessus du sol, nef de 80 m sur 70 m environ ; devient mosquée en 1453, musée en 1935 puis mosquée en 2020 ; classée par l'Unesco en 1985.

Âge d'or
En activité depuis l'an 537 !

Comment y aller
En plein centre du vieil Istanbul. Accès à pied ou en transports en commun.

Sainte Sophie, joyau de l'empereur Justinien, célèbre 15 siècles de divine sagesse.

Sur la rive ouest du Bosphore, arcboutée à l'ombre de ses quatre gracieux minarets, Sainte-Sophie narre à merveille 15 siècles d'histoire de la ville, à la croisée entre Orient et Occident. Justinien, empereur chrétien de l'Empire byzantin, ambitionne, en rebâtissant la vieille église de Constantin, d'édifier le plus grand monument de la chrétienté au monde, enfin digne de Constantinople, la Nouvelle Rome (car l'Empire romain est alors en passe de s'effondrer).

Le chantier fourmille de plus de 10 000 ouvriers sous l'autorité des meilleurs architectes de l'époque, Isidore de Milet et Anthémios de Tralles. Et les matériaux les plus précieux sont acheminés des confins de l'empire : temples d'Athènes et de Delphes, colonnes en porphyre rouge d'Égypte, marbre vert d'Eubée, marbre rouge de Synada... Au bout de 5 ans, 10 mois et 10 jours de travaux, en 537, Justinien inaugure Sainte-Sophie. Sa grande fierté ? L'audacieuse coupole, qui culmine à 55 m pour plus de 30 m de diamètre, sur quatre piliers à peine. Un prodige architectural ! Prodige fragile : les séismes détruisirent plusieurs fois la coupole, mais c'est une autre histoire.

Brièvement catholique de 1204 à 1261 (la quatrième croisade est passée par là), le sultan Mehmet II la transforme en mosquée dès la prise de la ville en mai 1453. En 1935 Atatürk en fera un musée, avant qu'Erdoğan ne la convertisse en mosquée en 2020.

SAGESSE DIVINE

Curieusement la basilique n'a jamais été consacrée à aucun saint, pas même à l'une des nombreuses martyres prénommées Sophie puis sanctifiées (l'une à Rome, l'autre en Thrace, une troisième en Égypte…) ! Son nom grec initial, *Haghia Sophia*, signifie tout simplement « Sagesse de Dieu » ou « Sagesse divine ». Ce qui explique aussi que Mehmet II ait aisément pu conserver ce nom sous la forme d'Ayasofia, et qu'il nous soit parvenu. Toujours aussi sage que divin (et réciproquement).

De l'âge chrétien de Sainte-Sophie subsistent d'exquises mosaïques, en particulier dans l'abside (Vierge à l'Enfant et archange Gabriel) et au long des galeries supérieures (la Vierge et saint Jean-Baptiste, ou l'impératrice Zoé). Les sultans l'enrichirent de lustres, de médaillons et de versets calligraphiés du Coran, de la délicate loge du sultan et d'un mihrab.

Aujourd'hui, la fascination demeure intacte devant les puissantes dimensions de ce divin sanctuaire.

• EXPÉRIENCE ROUTARD •

On préfère découvrir la splendeur de Sainte-Sophie (et sa voisine la Mosquée bleue, d'ailleurs) au petit matin avant l'afflux de visiteurs, ou au soleil couchant pour admirer le spectacle des goélands tournoyant autour des minarets illuminés, vision poétique de cette ville aux couleurs de miel. Tenue correcte exigée, bien sûr et pas de photos pendant les offices (et pas de flash de toute façon).

Turquie

Églises troglodytiques de Göreme

Les cachettes ingénieuses des chrétiens byzantins

Type
Églises rupestres

Situation
Cappadoce

Religion, civilisation
Christianisme

Quelques chiffres
Origine du site au IVe siècle, accroissement autour du Xe et XIe siècles.

Âge d'Or
Entre le IXe et XIIe siècle.

À ne pas manquer
Au lever du soleil, on peut apercevoir les nombreuses montgolfières qui chaque matin envahissent le ciel.

Comment y aller
En bus depuis Otagar, Nevsehir. Des navettes existent depuis les aéroports de Kayseri et de Tuzkoï.

Classées au Patrimoine mondial de l'Unesco depuis 1985, les églises troglodytiques de Göreme transportent le voyageur dans l'Empire byzantin du XIe siècle.

Nous sommes ici au croisement des mondes, dans une région où les influences occidentales et orientales se mêlent depuis des centaines d'années. Regardant à l'ouest et à l'est, sous l'influence du pouvoir hittite, byzantin puis seldjoukide, cette terre de passage s'est enrichie de toutes ces civilisations.

D'un point de vue topographique, la région de Cappadoce se dévoile à travers un paysage volcanique saisissant. Mais les vallées, les crêtes des montagnes, ou encore ces pics surnommés « cheminées de fées » ne sont rien en comparaison de la vie souterraine du lieu.

En effet, pour se protéger des invasions arabes, des habitations, des églises, et parfois des villes entières ont été taillées dans la roche. À Göreme, c'est tout un monastère qui y est creusé.

On date son origine au IVe siècle, lorsque des chrétiens décident de s'isoler dans la région pour suivre les préceptes de Basile le Grand. Mais c'est au IXe siècle, qu'il s'accroît prodigieusement avec de nouvelles églises. Ces dernières contiennent de magnifiques fresques, qui témoignent très bien de la fin de la période iconoclaste de l'Empire byzantin. On est notamment saisi par la beauté de celles que l'on découvre dans Karanlık kilise. Très peu éclairée, cette église put conserver les couleurs de ces peintures et nous permettre ainsi d'entrevoir le talent des artistes de l'époque.

LES SEINS DU SAINT ?

Zoom sur la fresque de saint Onuphre dans l'église au Serpent. Ce saint, qui passa plus de 70 ans seul dans le désert égyptien au IVe siècle, semblait exhiber d'étranges seins de femme. Localement, il se racontait parfois que l'ermite aurait été une jolie femme qui, grâce au jeûne et à la prière, se serait transformée en homme. Intox ! Il s'agit tout simplement d'une musculature stylisée du vieillard barbu et nu, parfaitement conforme à la représentation qui avait cours à l'époque byzantine.

AMÉRIQUE DU SUD

Salvador da Bahia (Brésil)

Nosso Senhor do Bonfim

Quand Jésus rencontre Oxalá

Type
Basilique

Situation
État de Bahia

Religion, civilisation
Christianisme, candomblé

Quelques chiffres
Construite en 1745.

Âge d'or
À partir du XVIIIe siècle.

À ne pas manquer
Fête du Lavage (semaine suivant l'Épiphanie).

Comment y aller
Des bus s'y rendent régulièrement depuis le centre historique de Salvador.

Perchée sur la colina sagrada, l'église Nosso Senhor do Bonfim est le symbole même du syncrétisme religieux au Brésil.

La basilique doit sa création à un navigateur portugais, Theodósio Rodrigues de Faria, qui, pris dans une violente tempête au large de Lisbonne, promet de rapporter à Salvador une image du Christ s'il survit. C'est en 1745 qu'il tient sa promesse et que la construction d'une église qui accueillera la fameuse image débute. Très vite Nosso Senhor do Bonfim accroît sa renommée, et devient un haut lieu de pèlerinage. On va jusqu'à lui attribuer des pouvoirs de guérison et de nombreux croyants viennent ainsi déposer lettres, objets et autres ex-voto dans la salle des miracles.

Cette popularité est également due aux grandes célébrations qui s'y déroulent. La semaine suivant l'Épiphanie, par exemple, les catholiques et les *candomblistàs* se réunissent pour fêter respectivement Jésus et Oxalá. Le jeudi est particulièrement marquant puisque les « filles des saints » se mettent en blanc et traversent la ville, des récipients remplis d'eau et de fleurs sur la tête, pour aller purifier les marches du parvis de la basilique. Une grande foule les suit et une atmosphère indescriptible imprègne les lieux.

FAITES VOS VŒUX !

Symbole de la tradition et de la foi de Salvador, les petits bracelets de tissus colorés que les Brésiliens appellent *fitas*, et que l'on retrouve attachés aux grilles de la basilique, remontent au début du XIXe siècle. Un rite bien précis y est attaché : il faut en passer un à son poignet en faisant trois nœuds, et faire un vœu à chaque nœud. Et c'est quand le bracelet, usé, cède qu'ils se réalisent. Mais gare aux impatients qui voudraient le couper trop tôt ! Les vœux se perdraient !

Chili

Île de Pâques

Moaï *(statues)* et ahus *(plateformes)*

Type
Gigantesques statues et plateformes issues du culte du Manutara

Situation
En plein Pacifique, à mi-chemin entre le Chili (3760 km) et la Polynésie (Tahiti à 4100 km)

Religion, civilisation
Croyance religieuse aux rites ancestraux

Quelques chiffres
Île longue de 23 km et large de 12 km. Taille des colosses entre 1,13 et 9,80 m. Le plus imposant (Te Tokanga) mesure 21,6 m de haut pour un poids de 160 à 180 t.

Âge d'or
Du Ve au XVIIe siècle.

À ne pas manquer
Le Tapati, festival traditionnel (2 semaines en février).

Comment y aller
À 4h d'avion de Santiago du Chili ou de Papeete (Tahiti). Pas de transport collectif sur place. Location de voitures ou motos.

L'île de Pâques (Rapa Nui), avec ses gigantesques statues (moaï), est un véritable musée à ciel ouvert.

Classée au Patrimoine mondial de l'Unesco depuis 1995, l'île de Pâques est l'un des sites les plus connus au monde, pour ses célèbres statues au regard énigmatique, les *moaï*, que l'on ne retrouve nulle part ailleurs. Ces étranges et magnifiques colosses de pierre sont la particularité de l'île, son emblème et son identité. Les *moaï* étaient sculptés dans la pierre volcanique grise, appelé tuf-lapili, pouvaient atteindre jusqu'à 9 m de haut et nécessitaient parfois 2 ans de travail. Ces quelque 900 statues qui représentaient les ancêtres des Pascuans étaient construits sur des *ahus*. Ces plateformes, étaient orientées de sorte que les *moaï* puissent regarder le lever ou le coucher du soleil. Ils sont situés généralement le long de la côte.

Nombreux furent les explorateurs, les archéologues et les anthropologues qui tentèrent d'en percer les multiples mystères. Plus encore furent ceux qui échafaudèrent les hypothèses les plus extravagantes sur l'origine de son peuple, les Pascuans. La théorie la plus acceptée évoque un peuple polynésien, venu sans doute des îles Marquises il y a 1 500 ans environ.

La notoriété de l'île est avant tout fondée sur ses mystères et ses légendes. C'est pour cela qu'on vient, qu'on la découvre, et sans doute qu'on en rêve... Il y a peu d'endroits au monde où l'on ressent sur une surface aussi réduite la force et la richesse d'une grande civilisation, et son combat pour survivre.

LE CULTE DU *MANUTARA* ET LA COMPÉTITION DE L'HOMME-OISEAU

L'émergence du culte de l'homme-oiseau à partir du XVIIe siècle. remplace le culte des moaï, en déclin, par le seul dieu Make Make. Une cérémonie rituelle a lieu à Orongo, village sur le cratère du volcan Rano Krau, l'un des sites les plus fascinants de l'île. Les guerriers de chaque clan de l'île participent à la course qui consiste à récupérer l'œuf d'un oiseau de mer (*manutara*) au sommet du volcan. Le premier arrivé se voyait alors doté du statut d'homme-oiseau et pouvait justifier de privilèges avec sa tribu pendant un an.

27° 07' 10'' S, 109° 21' 17'' O

• EXPÉRIENCE ROUTARD •

Assister au Tapati, festival traditionnel haut en couleur qui a lieu chaque année en février. Il est considéré comme le plus grand rendez-vous culturel du Pacifique. Nombreux spectacles et activités : concours de sculpture, de tressage, de chant et danse traditionnels, descente sur troncs d'arbres des pentes du volcan Maunga Pu'i, traversée à la nage du lac de cratère du Rano Raraku... Le tout en costumes traditionnels. C'est l'occasion pour les Pascuans de renouer avec leurs traditions, coutumes et savoirs ancestraux.

Pérou/Bolivie

Lac Titicaca

Le berceau aquatique de la civilisation Inca

Type
Site naturel

Situation
Cordillère des Andes

Religion, civilisation
Inca, anciennement les Tiahuanaco

Quelques chiffres
Situé à 3810 m d'altitude, il mesure plus de 200 km de long pour 8400 km² environ (soit 15 fois le lac Léman).

Âge d'or
Du XIVᵉ au XVᵉ siècle.

À ne pas manquer
Le 25 juillet, la fête de Saint-Jacques et des Moissons où danses, rituels, foire artisanale se déroulent pendant 10 jours.

Comment y aller
Du côté bolivien, prendre un bus depuis La Paz jusqu'à Copacabana, pour partir en direction des îles del Sol et de la Luna.

Au Pérou, les *colectivos* lèvent l'ancre depuis Puno pour les îles d'Uros, de Taquile et d'Amantani.

Un air de bout du monde où le peuple Aymarasnous propulse dans une faille spatio-temporelle où tout n'est qu'artisanat et convivialité.

Un nom capable de faire sourire et cependant évocateur de civilisations anciennes aux confins de contrées lointaines. Frontière naturelle partagée à 55 % par le Pérou et 45 % par la Bolivie, le plus haut lac navigable du monde est le point d'ancrage des trois plus grandes civilisations andines, notamment de l'Empire inca. Selon la mythologie, le dieu créateur Viracocha surgit des eaux du lac et y fit émerger la Lune *(qilla)*, le Soleil *(inti)* et les étoiles *(wara)*. De cette eau sacrée et légendaire surgirent également le descendant du dieu Soleil Manco Cápac, avec sa sœur Mama Oello. Ils dirigèrent ensuite leur tribu vers le nord jusqu'à trouver le lieu où l'empire devait être fondé, selon une prophétie. C'est ainsi que Cuzco fut érigée comme capitale de l'empire vers l'an 1200.

Le peuple inca développa des prouesses architecturales et agricoles, devenant ainsi la civilisation qui domina l'Amérique du Sud pendant près d'un siècle. Prospérité qui n'échappa pas aux yeux des Espagnols à leur arrivée en 1532, prêts à redoubler de ruses. Quand Francisco Pizarro captura l'empereur Atahualpa, il lui promit la vie sauve en échange d'une rançon d'or et d'argent, à condition de remplir la pièce où l'Inca était détenu, soit 70 m³ ! Le lac fut le théâtre d'allers-retours incessants de navettes débordantes de kilos d'or et d'argent, selon les ordres du chef.

UNE BALADE QUI TOMBE À L’EAU

Le peuple Uros, alors poussé à l’exil par l’oppression espagnole, découvrit qu’une simple racine de roseau (la totora) deviendrait leur plus fidèle compagnon de vie. Dotée de vertus dépolluantes, elle sert de brosse à dents, mais surtout flotte sur l’eau. C’est ainsi que reposent les 150 îles flottantes sur une couche de 3 m de roseaux qui doivent être renforcés et changés tous les 15 jours, au risque de s’engloutir. Obéissant aux lois de la nature, le sol laisse place à des trous farceurs cachés sous d’autres plantes. Déplacez-vous avec prudence car une trempette à 9° n’est jamais loin…

Cependant, le 29 août 1533, les mariniers incas apprirent l’exécution d’Atahualpa par les Espagnols et, dans une colère noire, ils auraient jeté des trésors dans l’eau du lac. Depuis, la légende raconte qu’une mystérieuse citée d’or, du nom de Wanaku, serait engloutie dans le lac. N’hésitez pas à jeter un coup d’œil, peut-être que vous y apercevrez le scintillement d’un des plus gros magots encore jamais trouvés…

• EXPÉRIENCE ROUTARD •

La meilleure période pour apprécier la beauté du lieu est d’avril à juin, mais ne vous y méprenez pas. Les fraîches températures nocturnes vous obligent à vous couvrir de plusieurs couvertures en laine si vous décidez de dormir chez l’habitant sur les îles. Comme ils mettent un point d’honneur à partager leurs coutumes et traditions, vous plongerez (ah ! ah !) dans leur quotidien.

Pérou

Machu Picchu

La cité « perdue » des Incas

Type
Cité antique et centre religieux

Situation
Région de Cuzco (sud-est du Pérou)

Religion, civilisation
Inca

Quelques chiffres
Le site a une superficie de 30 000 ha, et se situe à 2 430 m d'altitude.

Âge d'or
XVe siècle.

Comment y aller
Pour rejoindre le Machu Picchu, les plus courageux marchent le long du chemin de l'Inca (compter 4 jours), les autres optent pour le petit train jusqu'à Aguas Calientes, puis le bus (ou des centaines de marches !). Quel que soit le mode de transport, les paysages sont époustouflants.

Le spectaculaire site précolombien du Machu Picchu est l'un des plus fascinants vestiges au monde, autant par l'importance des constructions que par l'incroyable splendeur du lieu.

Dans le calme parfait des Andes, à plus de 2 000 m d'altitude, le site du Machu Picchu, parfaitement invisible depuis la vallée, surgit de la nature sauvage et luxuriante, entouré de pics vertigineux et arrosé par des pluies abondantes. La réalisation la plus emblématique de la civilisation inca a conservé tout son mystère : on ne sait toujours pas avec certitude s'il s'agit d'une ancienne forteresse, d'une ville, d'un sanctuaire ou tout cela à la fois. Nombreuses sont les suppositions alimentant l'imagination contemporaine, mais nul ne saurait dire avec exactitude quelle était sa fonction primordiale.

Le gigantisme du site laisse en tout cas deviner son importance pour les Incas. Niché entre le Huayna Picchu, qui signifie en langue quechua « jeune montagne », et le Machu Picchu, « vieille montagne », le monument aurait été construit au cours du XVe siècle par le 9e empereur inca, Pachacútec. Près de 1 500 personnes pourraient y avoir résidé aux temps de sa splendeur. Le choix de son emplacement n'a rien d'accidentel. Tous les 24 juin, apparaît sur la colline de l'Intihuatana un triangle ensoleillé pointant vers le Machu Picchu. Les Incas ont lu dans les rayons de soleil un signe divin. Ainsi, conscient du déroulement du temps et du cycle des astres, ce peuple savait exactement où bâtir ses murs, ses escaliers cyclopéens, ses champs et terrasses symétriques.

LE MAUVAIS CHOIX

Au XIXe siècle, Charles Wiener, explorateur français, se rend dans la Vallée sacrée. Il publie en 1880 la carte indiquant l'emplacement exact du Machu Picchu, 31 ans avant la trouvaille de l'Américain Bingham. Mais grossière erreur, il n'y monta pas, préférant poursuivre sa route vers la Bolivie. Wiener manqua ainsi la plus grande découverte archéologique du siècle !

13° 09' 50'' S, 72° 32' 45'' O

Les conquistadores espagnols basés à Cuzco ont ignoré pendant trois siècles l'existence du site, trop éloigné et inaccessible. C'est l'archéologue américain Hiram Bingham qui redécouvre la cité en 1911. Alors à la recherche de la cité de Vilcabamba, la dernière cité des Incas, il est persuadé que le Machu Picchu et Vilcabamba ne sont qu'une seule et même cité. Mené par des habitants du coin, la citadelle est alors dévoilée au monde entier à la publication de son livre *Lost City of the Incas*, ainsi que par le magazine *National Geographic*, qui consacre un numéro entier au Machu Picchu.

Cette révélation génère l'éclosion du tourisme dans la région et permet à la ville de se développer à nouveau. Aujourd'hui devenue attraction touristique par excellence au Pérou, c'est l'une des destinations les plus prisées d'Amérique du Sud avec 1,5 million de touristes par an. À tel point qu'un quota a été instauré pour limiter le flux des visiteurs.

• EXPÉRIENCE ROUTARD •

Privilégier l'hiver austral pour s'y rendre : de mai-juin à septembre-octobre. Surtout, ne pas attendre la dernière minute pour prendre ses billets, ils partent très vite, surtout ceux du matin ! Il faut s'y prendre des semaines, voire des mois à l'avance...
Une fois sur place, attention aux effets de l'altitude qui peuvent se faire sentir (souffle court, maux de tête, nausées, etc.). Quelques conseils : manger léger, modérer ou éviter l'alcool et les excitants, boire des infusions de coca et prendre son temps en montant !

Pérou

Lignes de Nazca

Un bestiaire à ciel ouvert

Type
Dessins géométriques, figures animales ou végétales

Situation
Région d'Ica, province de Nazca

Religion, civilisation
Nazca

Quelques chiffres
Sur 500 km^2, on distingue entre autres le célèbre colibri de 96 m de long, un chien de 51 m, un singe de 110 m, une araignée de 46 m, un condor de 136 m et un oiseau-serpent de… 300 m.

Âge d'or
Entre le Ier millénaire av. J.-C. et l'an 900.

Comment y aller
De Nazca, à 25 km au nord, petit mirador (accès payant) juste au bord de la Panaméricaine, mais seules 3 figures sont visibles. Aérodrome à 4 km au sud de la ville, 30 mn de vol (qui secoue, autant le savoir !) entre 6h et 16h pour admirer les lignes de Nazca. Ajouter 30 mn pour les lignes de Palpa.

Dans l'une des zones les plus arides au monde, du cockpit de son petit avion, le savant américain Paul Kosok découvre, en 1939, d'étranges figures géométriques.

Les motifs gigantesques, dessinés ou gravés à même le désert de Nazca, probablement entre l'an 300 et l'an 900 de notre ère par ce que l'on appelle la « civilisation de Nazca », représentent soit des dessins géométriques, soit des animaux stylisés. La plupart des archéologues pensent que les lignes sont des copies de figures formées par les étoiles et qu'ils permettaient d'enregistrer le mouvement exact des astres. D'une profondeur de 10 à 30 cm, et tracées par un simple déplacement des cailloux qui couvrent le sol désertique, ces lignes de Nazca ont été inscrites au Patrimoine mondial de l'Unesco en décembre 1994. Si elles sont si bien conservées, c'est grâce aux caractéristiques géologiques et climatologiques exceptionnelles de cette région, quasiment sans précipitation, ni vent ou sable. Coup de théâtre en 2018, au nord de Nazca, à Palpa, d'autres lignes ont été mises au jour…

RESPECTEZ LES LIGNES

D'après Robert Charroux, journaliste français que rien n'effraie, les lignes de Nazca seraient l'œuvre d'extraterrestres. Cette hypothèse donna des idées à de nombreux farfelus qui se mirent à sillonner le secteur dans tous les sens et, même, à chevaucher les tracés avec toutes sortes d'engins. Aujourd'hui, sachez que si vous vous faites prendre à brouiller ces lignes, vous risquez 5 ans de prison !

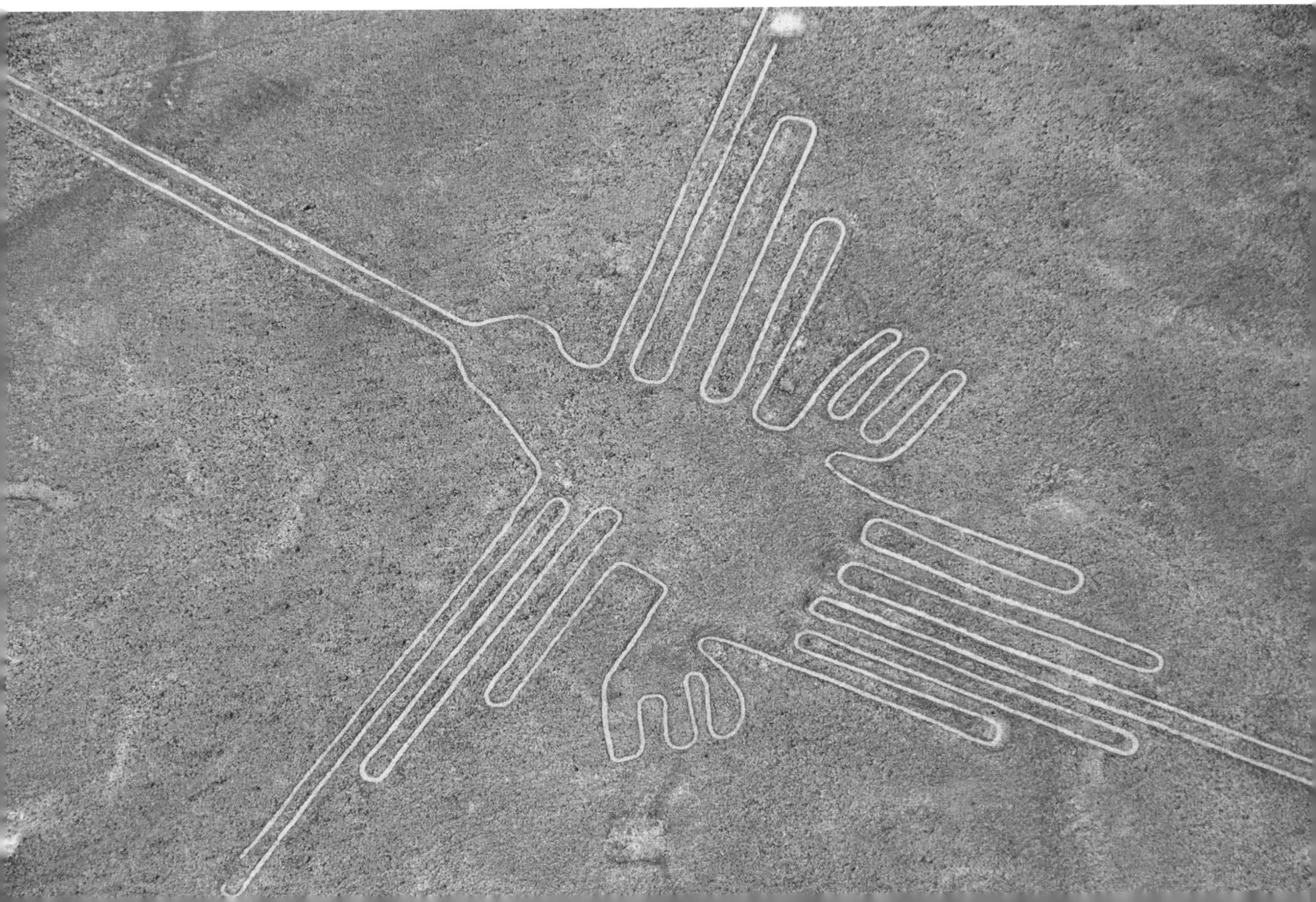

AMÉRIQUE DU NORD

Nouveau-Mexique (États-Unis)

Chaco Canyon

Le site archéologique précolombien le plus important hors du Mexique

Type
Site archéologique

Situation
Comté de San Juan (nord-ouest du Nouveau-Mexique, entre Albuquerque et Farmington)

Religion, civilisation
Culture anasazi

Quelques chiffres
137 km^2.

Âge d'or
Apogée de la culture chaco du XIe au XIIIe siècle.

Comment y aller
Aéroports depuis Gallup, Farmington, Albuquerque ou Durango puis voiture jusqu'au site.

On ne vient pas à Chaco Canyon par hasard. Mais s'il est aujourd'hui loin de tout, le site fut un grand centre de peuplement et un important carrefour économique – et même, le plus grand centre précolombien au nord du Mexique !

Les ruines d'habitations et d'ensembles à vocation religieuse, classées au Patrimoine mondial de l'Unesco, témoignent d'une agglomération éparpillée de plusieurs milliers de résidents, comptant des dizaines de *great houses.* Bâtis selon des orientations astronomiques, ces édifices aux pierres précisément ajustées et aux portes légèrement trapézoïdales atteignaient 4 à 5 étages et pouvaient regrouper des centaines de petites pièces accolées.

Les habitants, les Anasazis, qui ont marqué la culture chaco ont disparu vers le XIIIe siècle. Ils ne seraient autres que les ancêtres des Zunis, Hopis et autres ethnies Pueblos contemporaines — qui migrèrent vers le sud, probablement poussées par la sécheresse ou des attaques ennemies.

LE MYSTÈRE PUEBLO

Les légendes indiennes font du Chaco Canyon un centre cérémoniel d'envergure, où tous les peuples de la région se retrouvaient. Entourées de tumulus, de montagnes sacrées et d'autels, les *great houses* accueillaient probablement les festivités. Les archéologues supposent des liens commerciaux distants. N'a-t-on pas retrouvé au Petroglyph National Park, aux portes d'Albuquerque, une gravure rupestre représentant un perroquet ? Des coquillages, des cloches en cuivre et, récemment, des traces de cacao dans des poteries apportent d'autres indices.

Chinle, Arizona (États-Unis)

Canyon de Chelly

L'abri de vestiges amérindiens

Type
Parc national, territoire des indiens Navajos

Situation
Arizona, sud-ouest des États-Unis

Religion, civilisation
Réserve indienne navajo

Quelques chiffres
Près de 375 m^2 de superficie ; la hauteur des falaises atteint 300 m, la plus spectaculaire étant Spider Rock (haute de 245 m).

Âge d'or
1100 à 1300 sous la dynastie des Anasazis.

Comment y aller
Accès par Chinle en voiture, sur la route 191.

Le canyon de Chelly, magnifique ensemble de formation rocheuse, est situé en pleine réserve navajo et offre un aperçu du mode de vie traditionnel des natifs amérindiens.

Il englobe une superbe faille taillée au poignard dans une plaine désertique. On imagine bien l'érosion des roches, comment le lit de la rivière s'est creusé, comment la vie des hommes a pu s'organiser dans la vallée encore habitée. Les Navajos en effet se sont installés dans le canyon vers 1700. Au fond, de minuscules champs verdoyants et de nombreuses ruines de villages, héritage des premiers indiens, les anasazis (datant de 350 à 1300).

On peut également admirer de nombreux pictogrammes gravés dans la roche. Si vous ne devez voir qu'un seul lieu, que ce soit la White House, la plus belle ruine de Chelly : un village minuscule, adorable, bâti en adobe et comme écrasé par la paroi du canyon. Le point de vue au-dessus du canyon et des ruines, est particulièrement fascinant, avec une lumière sublime en fin d'après-midi.

L'ART DE LA GUÉRISON

Les Navajos pratiquent un art ésotérique : les peintures de sable (*sand paintings*). Le chaman les réalise à même le sol du *hogan* (hutte), ou sur une peau de cerf, versant avec doigté les sables colorés l'un après l'autre jusqu'à faire apparaître les *yeibicheii*, les esprits du bien. Le patient s'assied ensuite dessus pour que son mal soit « aspiré », tandis que le chaman entonne des chants. La peinture, chargée négativement, est finalement détruite..

Salt Lake City, Utah (États-Unis)

Temple Square

La Mecque des Mormons

Type
Église

Situation
Utah

Religion, civilisation
Le nom officiel de l'église mormone est Église de Jésus-Christ des saints des derniers jours.

Quelques chiffres
14 millions de fidèles dans le monde.
134 temples répartis dans 150 pays.

Âge d'or
Construction au XIXe siècle.

Quand y aller
Mormon Tabernacle Choir et Organ Recitals : • mormontabernaclechoir.org • Récitals d'orgue gratuits au Tabernacle.

Comment y aller
En plein centre de Salt Lake City entre North et South Temple Street et West Temple et State Street.

Temple Square est le lieu saint des mormons avec deux monuments importants : le temple et le Tabernacle.

Le temple, commencé en 1853 demanda 40 ans de travaux. C'est une imposante construction en blocs de granit. L'emplacement a été choisi par le prophète Brigham Young 4 jours seulement après l'installation des premiers pionniers sur les terres désertiques de Salt Lake City. C'est au sous-sol, sur un baptistère soutenu par 12 statues de taureaux (figurant les 12 apôtres), que l'on baptise les morts.

Le Tabernacle construit entre 1863 et 1875 possède un dôme charpenté de bois et recouvert d'aluminium. C'est l'une des plus grandes portées de voûte du monde avec une qualité acoustique extraordinaire. L'orgue (en bois de pin) totalise près de 11 623 tuyaux. C'est ici qu'ont lieu les célèbres concerts d'orgue et du chœur mormon devant des assemblées de plus de 3 000 personnes.

SEGO LILY, LES FLEURS DU BIEN

Cette jolie fleur blanche, de la famille des lys et composée de 3 délicats pétales, pousse en grande quantité dans les espaces infinis de l'Utah. Quand les pionniers mormons arrivèrent en chariot au milieu du XIXe siècle et que les premières récoltes furent catastrophiques, les Indiens leur conseillèrent de manger le bulbe de ces fleurs, que l'on trouvait à foison. Bouilli, grillé ou mélangé à une sorte de porridge, le bulbe de la sego lily leur permit de survivre. Cette fleur devint l'emblème de l'État en 1911.

Hawaï (États-Unis)

Montagne sacrée Mauna Kea

La montagne blanche

Type
Montagne, volcan

Situation
Située dans le nord de l'île d'Hawaï, la plus grande île de l'archipel

Religion, civilisation
Croyance ancestrale locale

Quelques chiffres
La plus haute montagne d'Hawaï (4207 m) mais 4500 m en dessous de la mer, ce qui en fait la plus haute du monde. Réserve naturelle de plus de 25000 ha.

Âge d'or
Naissance il y a 1 million d'années.

Comment y aller
Avion direct depuis Honolulu, San Francisco ou Los Angeles.

Selon la mythologie hawaïenne, c'est sur cette montagne sacrée que les divinités du ciel et de la terre se sont rencontrées pour donner naissance aux îles Hawaï.

On l'appelle la « montagne blanche » car son sommet a la particularité d'être enneigé en hiver, unique dans l'archipel hawaïen. Culminant à 4 207 m, la montagne, qui est un volcan, est le point le plus haut de l'archipel mais aussi l'un des plus hauts au monde en comptant la partie immergée du volcan depuis les fonds océaniques (plus de 10 000 m)... soit plus haute que l'Everest.

Selon les croyances locales, le mont serait né de l'union de Wākea (le père du ciel) et de Papa (déesse mère). Le mont est considéré comme une porte d'entrée au paradis. Pendant longtemps, l'accès au sommet était réservé exclusivement aux chefs traditionnels (*Ali'i*). Selon un rite ancestral, certains sont même enterrés dans des sites funéraires sacrés. D'ailleurs, des cérémonies religieuses y sont encore organisées. Contrairement à d'autres volcans plus au sud de l'île, le Mauna Kea n'est plus en activité depuis 4 500 ans, ce qui n'empêche pas ses habitants de le vénérer. Son sommet est toujours considéré comme l'endroit le plus sacré de l'île. L'ascension du Mauna Kea est possible à pied, à condition d'être adepte des randonnées extrêmes.

Sur la côte sud, Mauna Loa, son illustre voisin situé dans le parc des volcans d'Hawaï, est l'un des volcans les plus actifs de la planète. Étroitement surveillé par les vulcanologues, sa dernière éruption remonte à 1984.

LAC DE PROSPÉRITÉ

Le lac Waia, du nom d'une des déesses de la Neige, est situé à 3970 m du sommet du Mauna Kea. Peu profond, le niveau de l'eau varie en fonction des précipitations et de la fonte des neiges. Selon la croyance, le peu de fond permet aux esprits de voyager entre nous et leur monde. Autrefois, les Hawaïens avaient coutume d'apporter le cordon ombilical de leurs nouveau-nés et de le jeter dans le lac pour donner aux bébés la prospérité et la force de la montagne.

• EXPÉRIENCE ROUTARD •

Au sommet du volcan, se trouve le plus grand observatoire au monde. À cette altitude, l'atmosphère est très sèche et le ciel sans nuage, donc les détails sont très visibles. De plus, la proportion de nuits claires est l'une des plus élevées de la planète. Les installations sont réservées aux scientifiques mais les férus d'astronomie peuvent observer le soleil et les étoiles depuis la Visitor Information Station, installée à 2 800 m. Là, des télescopes sont à disposition en journée comme en soirée. Un programme d'observation des étoiles gratuit et sans réservation est proposé chaque soir de 18 h à 22 h.

Guatemala

Tikal

Le « lieu des échos »

Type
Site archéologique

Situation
Département du Péten

Religion, civilisation
Maya

Quelques chiffres
Arrivée des Mayas au VIe siècle avant J-C, déclin vers 900, inscription en 1979 au Patrimoine mondial de l'Unesco. Les ruines occupent une surface de 16 km^2.

Âge d'Or
Règne d'Ah Cacao : 682-734.

Comment y aller
Depuis Flores-Santa Elena ou El Remate en bus (env 1h30) ou via une agence de voyages, plus cher.

Les vestiges d'une civilisation disparue, des pyramides au cœur de la jungle, celle-ci ajoutant son mystère et son inquiétante rumeur… Tikal est sans nul doute l'un des sites les plus impressionnants d'Amérique centrale.

Les premiers Mayas arrivent sur le site au VIIe siècle av. J.-C. Très vite, ils construisent d'importants édifices. C'est durant l'époque dite « classique » (250 à 900 apr. J.-C.) que la cité prend toute son ampleur. Tikal est alors un centre religieux et une cité active qui commerce avec les régions côtières et les hauts plateaux. Vaincue vers 550 par Agua, le souverain de Caracol, c'est avec le règne d'Ah Cacao (682-734) que Tikal retrouve toute sa splendeur. C'est de cette époque que datent les colossales pyramides de la Gran Plaza. Le déclin maya commence vers 900 de notre ère et laisse progressivement la place à l'ère toltèque.

Au milieu d'un parc protégé de 576 km^2, les ruines occupent le centre de l'ancienne Tikal. On y dénombrerait plus de 3 000 structures ! Mais autour il y avait des groupes de maisons modestes, où logeaient tous ceux – paysans, artisans, commerçants – qui faisaient vivre la ville. L'une des particularités de la cité est qu'elle s'approvisionnait en eau uniquement en stockant l'eau de pluie. D'ailleurs, la sécheresse de la région, à certaines périodes, pourrait être l'une des causes du déclin de la civilisation maya.

UN MONDE PERDU… MAIS PAS POUR TOUT LE MONDE

Le Monde Perdu, un nom à la *Indiana Jones* qui fait rêver… Au fait, pourquoi a-t-on baptisé ainsi ce site émouvant ? À cause du roman *The Lost World* (*Le Monde perdu*) de sir Arthur Conan Doyle, le papa de Sherlock Holmes. Dans l'histoire, le professeur challenger découvre un monde inconnu datant du Jurassique… *Jurassic Park*. Ça vous dit quelque chose ? Ben oui, Michael Crichton s'est à son tour inspiré du Monde perdu de Conan Doyle pour écrire son fameux best-seller adapté par Spielberg !

Mexique

Teotihuacán

À la recherche du Serpent à plumes

Type
Site archéologique

Situation
État de Mexico

Religion, civilisation
Aztèque

Quelques chiffres
La pyramide du Soleil mesure 215 m à la base, 65 m de haut et compte… 245 marches ; la ville de Teotihuacán s'étendait sur 20 km et sa population atteignait 200 000 habitants vers l'an 500. Inscrite à l'Unesco en 1987.

Âge d'or
Du IVe et VIe siècle.

À ne pas manquer
Le 21 mars, une foule immense vêtue de blanc vient y célébrer l'équinoxe de printemps.

Comment y aller
De Mexico, bus toutes les heures 6h-22h (direction San Juan Teotihuacán), dernier retour 18h ; compter 1h15 de trajet. En voiture, 45 mn de trajet, parking sur place.

La longue et spectaculaire avenue de 2 km et de 50 m de large dessert les plus grandes pyramides du Mexique de l'ancienne capitale de l'Empire aztèque.

À 50 km au nord-est de Mexico, Teotihuacán est l'un des plus importants sites archéologiques précolombiens du monde. Cette cité gigantesque fut, entre l'an 150 et 450, l'une des villes les plus importantes du monde mésoaméricain. Son nom signifierait en nahuatl « le lieu où sont nés les dieux ». Les causes du déclin de ce grand centre politique, économique et religieux aux VIIe et VIIIe siècles restent indéterminées. Les ruines furent restaurées au XXe siècle. Aujourd'hui, l'endroit inspire le recueillement et le respect, entre les impressionnantes pyramides du Soleil et de la Lune, et le splendide temple de Quetzalcóatl avec sa dizaine de têtes de serpents à plumes sur sa façade.

5 JOURS À TUER

Les Aztèques avaient deux calendriers : l'un religieux, de 260 jours, qui servait surtout aux prêtres pour décider de la date des sacrifices, des fêtes religieuses et des batailles ; l'autre solaire, de 365 jours, qui rythmait la vie agricole et civile. L'année était divisée en 18 mois de 20 jours chacun. Si vous comptez bien, il manque 5 jours. C'étaient 5 jours néfastes et inutiles, chômés bien entendu, et qu'on passait dans la terreur d'une calamité naturelle comme la disparition du soleil (!).

Mexique

Uxmal

« Le lieu des récoltes abondantes »

Type
Site archéologique

Situation
État du Yucatán (nord-ouest du Mexique)

Religion, civilisation
Maya

Quelques chiffres
25 000 habitants à son apogée ; terrasse du palais du Gouverneur : 187 m sur 170 m.

Âge d'or
Du VIIe au Xe siècle.

À ne pas manquer
Spectacle son et lumière à 19h en hiver, 20h en été. Durée : 45 mn. Attention aux moustiques...

Comment y aller
En voiture ou en bus depuis le centre de Mérida (environ 1h30) ou Campeche (environ 2h30).

Le paysage vallonné et les proportions réduites de cet ensemble le plus pittoresque du Yucatán permettent d'être immédiatement sensible à son harmonie.

Le site d'Uxmal est remarquable par la beauté de son architecture, caractéristique du style Puuc : frises finement sculptées au sommet des édifices et omniprésence des représentations de Chac, le dieu de la Pluie. Plus qu'un centre cérémoniel, Uxmal était la capitale politique, militaire et religieuse de la région Puuc. Selon la légende, la pyramide du Devin aurait été érigée en une nuit par un nain aux pouvoirs magiques. Avec ses 35 m de haut, elle est plus haute que celle de Chichén Itzá.

Le quadrilatère des Nonnes, superbement restauré, doit son nom aux conquistadores, qui lui trouvèrent un air de cloître. En vérité, ce magnifique édifice de 65 m sur 45 m était sans doute réservé à des fonctions résidentielles et administratives. Il se compose de quatre grands édifices entourant une cour centrale, du plus pur style Puuc (Xe siècle) et d'une grande harmonie architecturale, ornés de superbes frises

SACRIFICES HUMAINS

Les nobles mayas se perçaient les chairs pour laisser couler leur sang sur un papier qu'ils brûlaient ensuite au cours d'une cérémonie rituelle. Ils croyaient ainsi entrer plus facilement en contact avec les dieux et les ancêtres. Les sacrifices d'animaux étaient courants et visaient à obtenir les faveurs divines. Pour les pratiques divinatoires particulièrement importantes, des humains étaient immolés.

chargées d'innombrables symboles, de masques du dieu Chac, de serpents à plumes, de motifs géométriques... La façade ouest y ajoute des guerriers.

Le clou de la visite reste le palais du Gouverneur. Datant du Xe siècle, ce palais juché sur une énorme terrasse surélevée est considéré comme l'un des chefs-d'œuvre de l'architecture maya – et plus précisément du style Puuc. L'équilibre de ses proportions répond à la fameuse loi grecque du nombre d'or. Il tire probablement son nom de son exceptionnelle longueur (98 m) et présente, dans la partie supérieure, de riches frises sculptées, avec 103 masques du dieu Chac. De la terrasse nord, magnifique vue sur le site. Dans les talus, des iguanes se prélassent au soleil.

• EXPÉRIENCE ROUTARD •

Après l'effort... Choco-story, face à l'entrée du site d'Uxmal. Fondé par une entreprise chocolatière belge, cet écomusée part à la découverte de l'histoire du cacao, de son utilisation rituelle par les Mayas à la production industrielle d'aujourd'hui. Un parcours ludique bien fait, le long des allées d'un luxuriant jardin (plantes endémiques étiquetées). Dégustation d'une boisson traditionnelle au cacao, à agrémenter de piment pour faire comme les Mayas – mais pas de sang humain comme jadis les nobles à l'issue d'un sacrifice... Boutique et bar.

Tinúm (Mexique)

Chichén Itzá

La nouvelle merveille du monde

Type
Site archéologique

Situation
Péninsule de Yucatán, entre Mérida et Valladolid

Religion, civilisation
Maya

Quelques chiffres
2 millions de visiteurs annuels ; 300 ha de ruines.

Âge d'or
Aux VIIe siècle (sous la domination des Mayas) et Xe siècle (sous la domination des Toltèques).

Comment y aller
En taxi, voiture ou bus depuis Pisté, Valladolid, Mérida ou Cancún.

Élue en 2007 comme l'une des sept nouvelles merveilles du monde, Chichén Itzá est le site archéologique le plus touristique du Yucatán.

L'histoire de ce lieu est complexe et reste entachée de nombreux points d'interrogation. Si l'on en croit la légende, la ville aurait été fondée vers 450-500 par les Itzáes, une tribu maya venue de l'actuelle région de Bacalar. Pourquoi ici ? En raison de ses cenotes, ces puits naturels qui constituaient à la fois une source d'eau essentielle et un axe cosmique reliant l'inframonde (du sous-sol) au monde des vivants. Les ruines comptent quelques édifices emblématiques, la somptueuse pyramide du Castillo ou encore le Tzompantli qui aligne les crânes de sacrifiés.

Comme l'ensemble du monde maya, Chichén Itzá entre par la suite dans une phase de déclin, sans que l'on sache vraiment si elle est abandonnée ou entre simplement en sommeil. Quoi qu'il en soit, elle est repeuplée vers l'an 1000 sous l'égide de tribus du Nord, d'origine toltèque. Le site est classé au Patrimoine mondial de l'Unesco depuis 1988.

LA GROTTE AU TRÉSOR

En février 2019, les archéologues font une nouvelle découverte à Chichén Itzá : tout au fond d'une grotte méconnue, par 24 m de profondeur, au bout d'un boyau long de 460 m dans lequel il leur a fallu patiemment ramper, ils sont tombés sur un trésor de céramiques et encensoirs mayas en parfait état, datant semble-t-il de la période postclassique (700-1000). Leur espoir : qu'il livre des secrets sur l'origine du second âge d'or de la cité.

Inde, Uttar Pradesh,
Holi, fête des couleurs et du printemps
célébrant l'amour entre Krishna et Radha

COPYRIGHTS

HEMIS

p. 11 : Jon Arnold Images • p. 12 : Jon Arnold Images • p. 15 : Jon Arnold Images • p. 17 : Jon Arnold Images • p. 19 : Robert Harding • p. 21 h : Mauritius • p. 21 b : Jon Arnold Images • p. 23 : Hervé Hugues • p. 25 : Robert Harding • p. 26 : Jean-Pierre Lescourret • p. 29 : Jon Arnold Images • p. 32 : Bertrand Rieger • p. 35 : Hervé Lenain • p. 36 : Arnaud Spani • p. 39 h : Godong / Alamy Stock Photo • p. 41 h : Lionel Lourdel • p. 41 b : René Mattes • p. 43 : Jean-Pierre Lescourret (photo prise avant l'incendie de 2019) • p. 45 : Arnaud Chicurel • p. 47 : Davit Bugrat • p. 49 : Jean-Pierre Lescourret • p. 51 : Christian Heeb • p. 53 : Camille Moirenc • p. 59 h : Christophe Boisvieux • p. 59 b : Christophe Boisvieux • p. 61 : Jon Arnold Images • p. 63 : Marc Dozier • p. 65 b : Andfoto / Alamy Stock Photo • p. 67 : Alain Le Garsmeur Lough Erne Book / Alamy Stock Photo • p. 69 : Jon Arnold Images • p. 70 : Jon Arnold Images • p. 79 : Jon Arnold Images • p. 82 : Jean-Pierre Lescourret • p. 85 : Jon Arnold Images • p. 89 : Jon Arnold Images • p. 90 : Robert Harding • p. 93 : Jon Arnold Images • p. 97 : Jean-Pierre Lescourret • p. 99 : Walter Bibikow • p. 100 : René Mattes • p. 101 : René Mattes • p. 103 : Sylvain Sonnet • p. 105 b : Sylvain Sonnet • p. 109 : Sylvain Cordier • p. 110 : Jon Arnold Images • p. 113 : Westend 61 • p. 119 : Bertrand Gardel • p. 123 : Jon Arnold Images • p. 125 : Jon Arnold Images • p. 129 : Jon Arnold Images • p. 131 : Jon Arnold Images • p. 132 : Jon Arnold Images • p. 143 : Blend Images • p. 145 : Jon Arnold Images • p. 148 : Jon Arnold Images • p. 151 : Robert Harding • p. 155 g : Camille Moirenc • p. 155 d : Tuul et Bruno Morandi • p. 157 : Tuul et Bruno Morandi • p. 159 : Jon Arnold Images • p. 163 h : Jean-Pierre Degas • p. 163 b : Tuul et Bruno Morandi • p. 177 : Jon Arnold Images • p. 179 : Stéphane Lemaire • p. 185 h : Robert Harding • p. 185 b : Robert Harding • p. 187 : Franck Chartron • p. 189 h : Franck Guiziou • p. 189 b : Franck Chartron • p. 193 : Jon Arnold Images • p. 197 : Philippe Bourseiller • p. 199 : John Frumm • p. 203 : Alamy • p. 209 : Jon Arnold Images • p. 211 h : Invictus SARL / Alamy Stock Photo • p. 211 b : Philippe Soy • p. 213 : Gregory Gerault • p. 215 : Jon Arnold Images • p. 216 : Jon Arnold Images • p. 219 : Mauritius • p. 221 : Jon Arnold Images • p. 222 : John Frumm • p. 225 : Universal Images Group North America LLC / DeAgostini / Alamy Stock Photo • p. 227 h : Christophe Boisvieux • p. 227 b : Jon Arnold Images • p. 229 : imageBROKER • p. 233 : Jon Arnold Images • p. 235 h : John Warburton Lee • p. 235 b : Tuul et Bruno Morandi • p. 239 : Gil Giuglio • p. 241 : Westend 61 •

p. 242 : Aurora • p. 243 : René Mattes • p. 245 h : Jon Arnold Images • p. 245 b : Aurélien Brusini • p. 249 : Jon Arnold Images • p. 251 : Jon Arnold Images • p. 255 : Westend 61 • p. 257 : Jon Arnold Images • p. 259 : Westend 61 • p. 260 d : Franck Guiziou • p. 271 : Franco Barbagallo • p. 273 : Westend 61 • p. 275 : Franck Guiziou • p. 279 : Jean-Pierre Lescourret.

SIME

p. 55 : Marco Simoni • p. 73 b : Davide Erbetta • p. 75 : Paolo Evangelista • p. 77 : Giuseppe Dall'Arche • p. 81 : Antonino Bartuccio • p. 87 : Giovanni Simeone • p. 95 : Jan Wlodarczyk • p. 105 h : Giovanni Simeone • p. 141 h : Richard Taylor • p. 237 : Richard Taylor • p. 260 g : Susanne Kremer.

GETTY IMAGES

p. 115 : ugurhan • p. 161 : Philip Curtis / EyeEm • p. 165 : Kampee Patisena • p. 169 h : Feng Wei Photography • p. 169 b : Rudolf Thalhammer • p. 171 : Ratnakorn Piyasirisorost • p. 181 : Stefan Mokrzecki.

PASCAL MANNAERTS

p. 127 • p. 135 • p. 137 • p. 194.

MATHIEU RIVRIN

p. 31.

SHUTTERSTOCK

p. 9 • p. 39 b • p. 65 h • p. 73 h • p. 117 • p. 121 • p. 139 • p. 141 b • p. 147 • p. 153 • p. 166 • p. 175 h • p. 175 b • p. 191 • p. 204 • p. 207 • p. 231 • p. 252 • p. 263 h • p. 263 b • p. 267 • p. 269 • p. 277 • p. 280 • p. 283.

ADOBE STOCK

p. 57.

POUR LE ROUTARD

Directeur de collection et auteur : Philippe Gloaguen
Rédaction : Laura Charlier, Gavin's Clemente Ruiz, Géraldine Lemauf-Beauvois et Anne Poinsot, avec la collaboration d'Agustina Ernesta, Marva Prevost et Alexia Rambaud
Le Routard : Isabelle Al Subaihi, Emmanuelle Bauquis, Carole Bordes, Thierry Brouard, Véronique de Chardon, Florence Charmetant, Fiona Debrabander, Anne-Caroline Dumas, Bénédicte Gloaguen, Pierre Josse, Benoît Lucchini, Olivier Page, Alain Pallier, André Poncelet

POUR HACHETTE

Direction : Sidonie Chollet
Direction éditoriale : Élise Ernest
Responsable de projet : Matthieu Devaux
Édition : Olga Krokhina-Antonov, Julie Dupré, Gia-Quy Tran, Pauline Janssens, Margaux Lefebvre, Amélie Ramond et Lucie Léna
Direction artistique et créations graphiques :
Le Bureau des Affaires Graphiques • le-bdag.com •
Lecture-correction : Élisabeth Thébaud
Contrôle de gestion : Jérôme Boulingre et Yannis Villeneuve
Secrétariat : Julia Lorrain
Fabrication : Nathalie Lautout, Liza Sacco et Audrey Detournay
Relations presse : COM'PROD, Fred Papet. ☎ 01 70 69 04 69. • info@comprod.fr •
Martine Levens (Belgique) et Maureen Browne (Suisse)
Marketing : Clotilde Tougeron et Élodie Darty
Logo et silhouette : Clément Gloaguen (d'après Solé)
Partenariats : Jérôme Denoix • jeromedenoix@gmail.com •
Contact partenariats et régie publicitaire : Florence Brunel-Jars • fbrunel@hachette-livre.fr •

LES ROUTARDS PARLENT AUX ROUTARDS

Faites-nous part de vos expériences, de vos découvertes, de vos tuyaux :
Les Routards parlent aux Routards : 122, rue du Moulin-des-Prés, 75013 Paris – e-mail : guide@routard.com
site internet : routard.com

Cet ouvrage est imprimé sur un papier issu de forêts gérées

Édité par Hachette Livre (58, rue Jean-Bleuzen, CS 70007, 92178 Vanves Cedex, France)
Photogravure par Reproscan
Imprimé par Estella Gráficas (Espagne)
Achevé d'imprimer le 08 octobre 2021
Collection n° 22 - Édition n° 01
71/0934/0
I.S.B.N. 978-2-01-713087-1
Dépôt légal : octobre 2021